Karin Engel

Glitzer hält auch auf Matschhosen

Über die Autorin

Karin Engel, gebürtige Schweizerin, ist verheiratet und Mutter von sechs Kindern im Alter zwischen 15 und 1 Jahren. Ihre Erfahrungen als Mutter teilte sie bereits mit den Lesern einer christlichen Zeitschrift. Nach ihrer Ausbildung zur Grundschullehrerin arbeitete sie in einer sozialen Einrichtung im Ausland. Heute arbeitet sie von zu Hause (Nähe Aschaffenburg) als Heizölverkäuferin.

KARIN ENGEL

Glitzer
HÄLT AUCH AUF
Matschhosen

Geschichten aus einem
herrlich unperfekten Familienalltag

VORWORT

Ich bin Mama. Und ich behaupte: Mamasein ist ein Drecksjob. Damit meine ich nicht nur die übermäßig vielen Überstunden, quengelnde Arbeitgeber und schlechte Bezahlung (obwohl dies natürlich alles zutrifft). Ich sage das, während ich höchst ungemütlich am Rande eines Fußweges sitze, nein, kauere, und von dort aus zwei Knirpse beobachte, die mit zwei aufgesammelten Holzstöckchen den Matsch einer Regenpfütze bearbeiten. Einem der sich nass spritzenden beiden läuft gerade ein langer Rotzfaden über die eiskalten, aber vor Eifer glühenden Wangen. „Wie sieht das denn aus?", denke ich angewidert und fühle mich bestätigt: Dreck.

Dreck ist im Leben einer Mutter einfach omnipräsent. Er zieht sich, wie in diesem Fall, schleimig von der Nase übers Gesicht. Ein anderes Mal kriecht er fein krümelig aus den Ohren, aber noch viel öfter ist er in der Windel zu finden (und man kann froh sein, wenn er nur in der Windel bleibt). Ich krame in meinem Rucksack nach einem frischen Taschentuch und denke daran, dass wir Mütter tagtäglich auf verschiedene Arten unsere Kinder von diesen unterschiedlich farbigen Körperexkrementen

– von durchsichtig, über gelblich grün, bröcklig orange und dunkelrot bis hin zu breiigem Braun – befreien müssen. Und es ist immer wieder erstaunlich, mit welcher Selbstverständlichkeit wir diese Aufgaben (von denen ich aus Rücksicht auf Sie als Leser nur einen Bruchteil erwähne) wahrnehmen, wo es anderen nur schon vom Erzählen schlecht wird.

Nichts zu machen. Das Taschentuch habe ich vorgestern benutzt, als das eine Kind mit dem Laufrad hingefallen und sein Knie ...

Okay, okay, ich höre schon auf!

Ich bemühe mich, den Schnodder zu übersehen und dem Kind nicht mehr ins Gesicht, sondern auf die Füße zu schauen. Doch natürlich weiß ich, was mich dort erwartet: noch mehr Dreck! Matschige Hosen und lehmige Schuhe, die bald nach Hause dackeln werden, sodass wir uns auch im trauten Heim noch an den Dreck erinnern dürfen! Hm ... oder sollte ich besser sagen: sodass unser häuslicher Schmutz sich endlich einmal mit *richtigem* Dreck treffen darf?

Eigentlich ist es ja egal: Der Dreck ist überall! Immer! Sogar wenn die Kinder mal nicht da sind: Der Dreck ist es. Selbst wenn Mütter mal „sturmfrei" haben, dürfen sie in liebevoller Erinnerung an die Anwesenheit der Kinder ihre „freie" Zeit mit dem Schrubben von Fußböden, Beseitigen von Flecken und dem Abbau von Wäschebergen verbringen.

Ich stehe auf und schüttele meine beinahe eingeschlafenen Beine aus. Dabei achte ich darauf, dass die trübe Brühe, die von meinen Sohlen trieft, nicht meine Hosenbeine bekleckert. Dann halte ich inne, weil ich über mich selber lachen muss. Eigentlich muss ich mich sogar auslachen.

Ich soll nicht schmutzig werden dürfen?

Wie soll das funktionieren, wenn man im Dreck sitzt?

Ist nicht eigentlich die ganze Welt ein Drecksloch?

Ein Gedanke durchfährt mich plötzlich: Wie muss es für Jesus gewesen sein, vom Himmel in diesen Schmutz (im übertragenen wie wörtlichen Sinne) herunterzusteigen? Er, der Reine, setzt sich freiwillig zu den Unreinen, den Sündern. Für uns eine irgendwie verkehrte Vorstellung und Welt. Doch damit stellte Jesus gleich zu Beginn seines irdischen Daseins unsere ganze menschliche Werteskala auf den Kopf. Und weitere Eigenarten, die er uns vorlebte, folgten: Die Ersten sollen die Letzten sein. Der Messias ist der Diener. Und Gutes, das man den Geringsten getan hat, hat man ihm getan.

Eines der Kinder unterbricht meine Gedanken. Es quietscht vergnügt, weil es gerade einen Schatz, einen sich nervös windenden Schatz, namens Regenwurm ausgegraben hat. Das andere Kind greift nun mit der Hand in den feinen nassen Sand, packt ihn und lässt ihn durch die Finger zurück ins Wasser gleiten, sodass es platscht. Und das Ganze gleich noch mal.

Dreck genügt als Spielzeug.

Dreck ist sogar wichtig.

Das ist wissenschaftlich erwiesen. Er ist das ursprünglichste Element: „Aus der Erde sind wir genommen, zur Erde sollen wir wieder werden." Und ich muss daran denken, wie eines unserer Kinder erzählte:

„Wir haben im Kindergarten auf dem Spielplatz eine tote Maus gefunden und haben ihr dann ein Grab gemacht und sie beerdigt!"

Mein Mann fragte: „Und habt ihr zur Beerdigung auch den Pfarrer gebraucht?"

„Nein, wir haben eine Schippe genommen!", erwiderte unser Kind.

Ich weiß, wie sich das anfühlt. Dieser nasse Sand, der schwer in der Hand liegt, den man leicht zusammenklumpen kann und der dann doch wieder auseinanderfällt. Die kleinen Körnchen, die die Hand leicht massieren und von denen ein paar an der Haut hängen bleiben, selbst wenn der Matsch schon wieder in der Pfütze liegt. Ein Gefühl, das man nicht vergisst, selbst nach Jahren nicht.

Tja, wann habe ich eigentlich das letzte Mal?

Es juckt in meinen Fingern. Dann denke ich an meine nicht vorhandenen Taschentücher und was ich mit meinen dreckigen Fingern noch alles anfassen müsste …

Mein Verstand siegt über den Wunsch, sich die Hände dreckig zu machen. Wieder einmal selbst im Matsch zu sitzen.

Vielleicht ist gerade das der Sinn und Zweck des Mutterseins: ein Dreckjob. Doch wenn ich meine alten Freundebücher oder die meiner Kinder durchblättere, finde ich ihn nirgendwo bei der Frage „Was willst du einmal werden?". Da steht stattdessen: „Tierärztin", „Fußballer", „Sängerin", „berühmt werden" oder „reich werden". Niemand aber schreibt: „dreckig werden", „meinen Kopf hinhalten", „anderen dienen". Meine Welt als Mutter scheint auf den Kopf gestellt worden zu sein. Ich sitze hier, im Dreck. Mittendrin. Freiwillig. Es fühlt sich nicht direkt gut an, aber richtig. Denn genau das bedeutet es, Mutter zu sein. Und das ist auch gut so. Hat uns das Jesus nicht auch im übertragenen Sinne vorgemacht?

Wieder zu Hause, die Kinder sind sauber, erschöpft, gesättigt und bereits eingeschlafen, nehme ich ihn doch in die Hand – den Dreck. Mittlerweile eingetrocknet klebt er förmlich an den Matschhosen der Kinder und verteilt sich dennoch höchst lebhaft, Körnchen für Körnchen, auf dem Weg hinunter in den Keller zur Waschmaschine. Mit nun leicht bräunlichen Fingern durchwühle ich die Tasche, prüfend, ob nicht doch ein Steinchen oder Ästchen mit nach Hause genommen wurde. Doch meine Hand wird nur kalt-feucht begrüßt von einer sandigen Kugel Matsche-Eis, die mitgenommen wurde. Der Dreck ist einfach überall.

Doch dann funkelt mir etwas vom Hosenbein entgegen. Glitzerkleber, ein kleiner Tropfen mit ein paar winzig kleinen Glitzerteilen. Irgendwie muss er auf die Hose gekommen sein. Im Kindergarten? Beim Basteln?

Er ist nicht wegzubekommen.

Egal!

Glitzer hält auch auf Matschhosen.

Mitten im Dreck funkelt es. Wie schön!

Dieses wunderbare Bild steht wie kein anderes für unser Familienleben. Mutter zu sein ist und bleibt ein Drecksjob. Doch wenn ich genau hinschaue, dann gibt es da eine feine Glitzerspur, die in meinem Alltag sichtbar ist. Von Weitem ist sie vielleicht nicht offensichtlich, aber dennoch sehr hartnäckig und überall da – selbst an den unmöglichsten Stellen. Funkelnde Momente, in denen ein kleiner Tropfen Glitzer im täglichen Einerlei ein ganzes Lebensgefühl darstellt. Wie anstrengend ein Tag auch sein mag, irgendwo gibt es ihn, diesen Punkt, der ganz viel Kraft schenkt: Gottes Liebe, Gottes Reden, Gottes Eingreifen. Davon und auch von ein paar anderen Absurditäten, die einem so im Elternalltag begegnen können, erzähle ich in diesem Buch.

Zu Beginn war das Buch nur eine Ansammlung von Erlebnissen und Gedanken, die sich im Laufe der Zeit auf eine sehr ungeordnete und unordentliche Weise auf ein paar Schmierzetteln und Notizheften angehäuft hatten. Dieses Sammelsurium an verschiedenartigen Texten letzten Endes in eine Reihenfolge zu bringen, war nicht ganz einfach. Mit der Schwangerschaft und Geburt unseres fünften Kindes hatte ich zu schreiben angefangen, doch welcher Chronologie sollte ich folgen, wenn es in anderen Texten um die älteren Kinder ging? Meine Zeit fürs Schreiben war zu lückenhaft und unregelmäßig gewesen, um stringent unseren Werdegang als Familie zu dokumentieren. Deshalb sortierte ich die Texte so, dass sie der ungefähren Entwicklung eines Kindes folgen. Als ich dann begann, sie in eine lesbare Form zu bringen, war meine primäre Idee, andere Eltern zum Lachen und ins Nachdenken zu bringen.

Als ich dann über das Geschriebene sah, stellte ich ein Merkmal fest, das sich wie ein Faden durch meine Geschichten zieht: eine Art glitzernder Tropfen namens Gnade. Was anderes ist Glitzer in einem Haufen Dreck? Und ich weiß ganz genau: Ich als Mutter, mitten im Dreck, brauche das! Dieses Glitzern. Gottes Gnade. Sie ist noch größer als ein Lebensgefühl. Sie schenkt mir Kraft. Mir als Mutter, als oft Hilflose, Unsortierte, Ungeschickte, am Rande des Wahnsinns Stehende. Und vielleicht erkennen Sie ja dieses Lebensgefühl und Bedürfnis in meinen Texten wieder und entdecken es auch für Ihr Leben.

Ich hoffe sehr, dass diese Glitzerspur in meinen Texten durchscheint. Aber vor allem, dass die Texte Ihnen Mut machen, sich in Ihrem eigenen Alltag auf die Suche nach Glitzer zu begeben. Denn Sie werden bestimmt fündig – sogar auf Matschhosen!

Ihre
Karin Engel

Ich als Mutter, mitten im Dreck, brauche das!
Dieses Glitzern. Gottes Gnade.

1.

ICH, VIELGEBÄRENDE

Meine zweite Untersuchung beim Frauenarzt. Das Ausstellen des Mutterpasses steht an. Die Arzthelferin geht mit mir den üblichen Fragenkatalog durch, der sich auf den ersten Seiten des Heftes befindet. Das meiste ist schnell beantwortet:

```
Familiäre Belastung: ................... ☐ ja ☒ nein
Frühere schwere Erkrankungen: ... ☐ ja ☒ nein
Allergien: ..................................... ☐ ja ☒ nein
```

Zack, zack, zack geht das mit den Kreuzchen in den entsprechenden Kästchen. Dann ein leichtes Zögern.

```
Vielgebärende: .............................. ☐ ja ☐ nein
```

„Sind Sie viel gebärend?", will die Arzthelferin von mir wissen. Eine kurze Sekunde des Innehaltens vergeht. Ich schaue ebenso fragend zurück, ohne eine Antwort zu geben, denn was bitte schön bedeutet *viel gebärend* genau?

„Nein, oder?", mutmaßt sie und will bereits das Kreuzchen bei „nein" machen, bevor sie mir dann doch noch erklärt: „Vier Kinder oder mehr. Oh, haben Sie vielleicht schon vier Kinder?"

Ich nicke und bin mir gleichzeitig bewusst, dass ich äußerlich – kurz und eher schmal geraten, mit jugendlichem Teint (auch Akne genannt), Brille und immer etwas unordentlichen Haaren – wohl nicht gerade die typische Vertreterin einer Vielgebärenden darstelle.

„Doch, doch. Vier Kinder. Das wäre jetzt das fünfte", antworte ich. Ganz zu verstecken ist mein vielfaches Muttersein dann doch nicht: Wenn ich so an mir herunterschiele, entdecke ich einen Zahnpastafleck auf der Bluse sowie Spuren von Nutella auf der Hose. Leider keine Ausnahme, sondern eher eine chronische Mama-Krankheit.

„Ah ja", höre ich die Arzthelferin sagen. „Also doch: viel gebärend." Ein Kreuzchen bei „ja".

Meine Gedanken beginnen zu kreisen. Ich bin etwas verwirrt über die Definition des Begriffes: Offensichtlich bezieht er sich nicht auf die Anzahl der Schwangerschaften, sondern auf die der Geburten. Doch was, wenn diese neue Schwangerschaft ohne glückliche Geburt enden würde? (Was mir ja leider auch schon passiert ist.) Was wäre ich dann? Würde ich immer noch zu den Vielgebärenden gehören? Oder in meinen vorherigen Zustand zurückfallen? Wie sich dieser wohl nennen mag, wenn es ihn überhaupt gibt ... *normal gebärend?*

Fragen, die ich mir vielleicht nicht stellen sollte, aber ich komme gegen sie nicht an. Das Wörtchen *viel* stellt mich vor weitere Probleme. *Mehrere* hätte ich ja noch verstanden, aber *wie viel* ist *viel*? Hätte man vor hundert Jahren „vier Kinder und mehr" auch schon als *viel* bezeichnet? Wahrscheinlich kaum.

Heutzutage hört sich *viel gebärend* eigentlich weniger wie eine Feststellung, sondern eher wie eine Bedrohung an. Fast so, als würde in blendendem Scheinwerferlicht eine unbekannte, fordernde Stimme zischen: „Zum letzten Mal: Sind Sie viel gebärend? Gestehen Sie, dass Sie viel gebärend sind?"

Ganz so weit ist man in unserem Kulturkreis zum Glück noch nicht, aber in der Zwei-Kind-Gesellschaft muss man sich ab dem dritten Kind schon mal die ersten Fragen stellen lassen. Beim fünfen hört das Verständnis oft auf, nach dem Motto: viel gebärend = viel verrückt.

Noch auf der Fahrt nach Hause in unserem Minivan mit eingebauten Kindersitzen, klebrigen Türgriffen und versandeten Abtretern (ein weiteres untrügliches Merkmal für die Mutter einer größeren Kinderschar) beschäftigt mich dieses sprachliche Ungetüm. *Viel gebärend* hört sich so an, als wäre das Gebären ein Dauerzustand. Für viele Frauen, auch für mich, nicht gerade eine angenehme Vorstellung. Ein Grund mehr, wie ich finde, dieses Wort durch ein anderes zu ersetzen. Ein positiveres Wort. Ein Wort, das motiviert, diesen Status zu erreichen. Und wer weiß, vielleicht könnte diese einfache Maßnahme ja sogar dazu beitragen, die Geburtenrate zu erhöhen.

Wie wäre es zum Beispiel mit dem Wort „kinderreiche"? Das klingt nach Besitz und Erfolg und ist somit bei Weitem erstrebenswerter als Wehen und Belastung. Allerdings könnte man diesem Begriff auch wieder Ungenauigkeit anhängen, da er Männer und Adoptiveltern nicht ausschließt. Also vielleicht besser: „selbst-auf-die-Welt-gebrachte-kinderreiche"?

Doch Unwort hin oder her: Ich bin es. Nicht nur einfach eine Mutter von vier Kindern, sondern offiziell eine „Vielgebärende". So steht es jetzt in meinem Mutterpass, schwarz auf weiß.

Ein bisschen verrückt oder ein bisschen *viel* verrückt ist das tatsächlich. Vor ziemlich genau sieben Jahren hatte mir mein damaliger Frauenarzt noch mit Bedauern in der Stimme klargemacht, es würde für mich schwierig werden oder sogar unmöglich sein, auf natürlichem Wege Kinder zu bekommen.

Und heute gehöre ich zu den Vielgebärenden.

Ich: Vielverrückte, Vielwundererlebte, Kinderreiche, Vielbeschenkte.

> Aaron (4) kommt vom Turnen und verkündet stolz:
> „Heute haben wir den Pupselbaum gelernt!"

GESCHWISTERLIEBE

„Ah, die Frau Engel…", werde ich von der Erzieherin im Kindergarten freudig begrüßt, „mit Emily im Bauch. Stimmt's?"

Ich lache. „Ja, das stimmt!", antworte ich ihr, aber innerlich stöhne ich: Jetzt weiß sie es auch schon, wie wir unser Ungeborenes nennen! So wie wahrscheinlich schon das halbe Dorf. Irgendwie bin ich ja selbst schuld. Wie jedes Mal, wenn ein neues Familienmitglied unterwegs ist, habe ich meinen bereits vorhandenen Kindern schon ziemlich früh davon erzählt und versucht, ihre auftauchenden Fragen so kindgerecht, natürlich und genau, wie es irgendwie geht, zu beantworten. Ist doch praktisch: Aufklärung und Vorbereitung auf das Geschwisterchen in einem.

Johannes nahm dieses Angebot gerne an. Mit dem Thema bereits vertraut, hat er mit seinem Wissen im Ungeborenen-Quiz geprahlt, ein Bild mit Spermien und Eizellen gemalt („So wie im Buch!"), meinen dicken Bauch gestreichelt, sein Ohr darauf gelegt und sich dabei überlegt, was das Baby wohl gerade macht: schlafen, am Daumen lutschen, Mama treten … Von ihm stammt auch der praxisnahe Vorschlag: „Wenn es ein Junge ist, können wir ihn dann ‚Urknall' nennen?"

Michael hatte mitbekommen, dass es mit meinem Bauch etwas Besonderes auf sich haben muss, und ich konnte ihm erklären, dass da ein Baby drin ist. Ein paar Tage später zeigte er auf meine Körpermitte und fragte mich: „Baby drin?" Ich antwortete froh mit Ja und war erleichtert, dass meine Er- wie Aufklärungsversuche gefruchtet hatten.

Dann dachte er kurz nach. Anschließend zeigte Michael auf seinen eigenen Bauch (der übrigens einen ordentlichen Umfang hat) und mutmaßte: „Maus drin." Von dieser Meinung ist er bis heute nicht abzubringen.

Jakob hingegen war dem Thema „Baby" konsequent ausgewichen. Keine Fragen, kaum Reaktionen. Doch dann erfahre ich, dass ausgerechnet er allen möglichen Leuten brühwarm erzählt, welchen Namen wir uns für den Neuankömmling ausgesucht haben! Ich muss den Kopf schütteln und gleichzeitig schmunzeln.

Es ist nicht das erste Mal, dass ich in Bezug auf die Ankunft eines neuen Familienmitglieds so meine Überraschungen erlebe. Ich sehe noch heute vor mir, wie ich mit dem frisch geborenen Aaron auf dem Arm im Krankenhausbett liege und Michael sich geradezu auf dieses Baby stürzt, und zwar um es immer wieder zu streicheln und zu liebkosen. (Während die anderen Geschwister wie angegossen dastanden und nicht wussten, was sie sagen oder tun sollten.) Ich hielt das Ganze für einen unbedarften Zärtlichkeitsanfall eines anderthalbjährigen Kindes, der sich sicher schnell wieder legen würde, wenn ihm erst einmal bewusst wird, dass sich dieses kleine Wesen nun dauerhaft in sein Leben einmischen wird. Im Gegensatz zu den älteren Geschwistern konnte es die neue Situation sicherlich noch nicht so richtig einordnen.

Das dachte ich.

Doch Michael ließ sich auch in den darauffolgenden Wochen und Monaten nicht aus dem Konzept bringen: Er kümmerte sich rührend, dass sein Geschwisterchen ja genug Essen auf dem Tellerchen hatte und überhaupt, dass es ihm gut ging. Babys Gutenachtkuss war mindestens genauso wichtig wie der von Mama. Die beiden waren ein Herz und eine Seele. Ich wunderte mich. Was ging da nur vor sich? Hatte Michael etwa schon von Anfang an gewusst, dass sie beide so gut miteinander auskommen werden? Oder war es einfach Liebe auf den ersten Blick?

Ganz anders Johannes und Jakob, die „Donnerbrüder": Dass sie sich, wie die beiden jüngeren, ein Zimmer teilen, hat rein organisatorische Gründe. Sie haben sich mit diesem Schicksal abgefunden. Nicht weniger, aber auch nicht mehr. Zusammen leben: ja. Sympathie: selten. Zusammenhalt: kaum.

Einmal ums Eck gedacht, fällt mir auf, dass nicht nur menschliche Babys, sondern auch im übertragenen geistlichen Sinne Babys unterschiedlichen Reaktionen seitens ihrer Geschwister ausgesetzt sind. Ich selbst erlebte nach meiner Hinwendung zu

Gott, meiner sogenannten „Wiedergeburt", von meinen Glaubensgeschwistern ganz unterschiedliche Empfänge: von heller Begeisterung und „Halleluja!"-Rufen über Gleichgültigkeit bis hin zu Misstrauen (die „Neue" in unserer Gemeinschaft). Ich musste im Laufe der Zeit aber auch erkennen, dass diese Anfänge nicht allzu viel über die spätere Entwicklung der Geschwisterbeziehung aussagten. Viele Hände, die sich mir zu Beginn freudig entgegenstreckten, haben mich unterstützt, doch manche Arme waren nicht geöffnet, wenn ich sie gebraucht hätte. Einige anfänglich kalte Schultern haben mich enttäuscht, doch manch argwöhnischer, kritischer Blick hat meinen eigenen geschärft und den Horizont erweitert.

Unweigerlich stellte sich für mich die Frage: Wie verhalte ich mich selbst gegenüber neuen Glaubensgeschwistern? Heiße ich sie willkommen? Freue ich mich, dass sie da sind und wenn ja, wie anhaltend ist meine Freude? Sehe ich sie vielleicht „in meinem Reich" als Eindringlinge an? Oder habe ich sogar Angst davor, dass sie mehr bekommen oder gar mehr geliebt werden als ich?

Ein neues Geschwisterchen nimmt physisch wie psychisch in einer Familie Raum ein, braucht von allen Seiten Fürsorge und Aufmerksamkeit, bringt Strukturen durcheinander – und kann ganz schön nerven.

Gott weiß, dass solche Umstände nicht immer einfach zu bewältigen sind. Er verlangt von uns nicht, dass wir in der Gemeinde bei jedem neuen Familienmitglied in Begeisterungsstürme ausbrechen und uns von der ersten Begegnung an so dick befreunden wie meine beiden Dickbäckchen. Aber es geht ihm um eine grundsätzliche Haltung den Geschwistern gegenüber:

"Nehmt einander an,
so wie Christus euch angenommen hat.
Auf diese Weise wird Gott geehrt."

Römer 15,7

Wenn ich Bilanz ziehe und meine Glaubensgeschwisterbeziehungen betrachte, muss ich zugeben, dass es bei mir sehr ähnlich zugeht wie zwischen Johannes und Jakob: Ich tue meine Pflicht und akzeptiere die anderen; ansonsten hält sich meine Geschwisterliebe in überschaubaren Grenzen. Insofern sind mir meine Kinder Vorbild – in positiver wie negativer Hinsicht. Und ich kann durch sie hoffentlich meinen Teil dazulernen.

Wir sind gespannt darauf, wie Emily im Kreise ihrer vier Geschwister aufgenommen wird. Sie selber wissen noch nicht so recht, wie sie darüber denken sollen.

Aaron wird mit seinen etwa anderthalb Jahren von den „Freust du dich?"-Fragen größtenteils verschont und muss sich noch keine solchen Überlegungen machen. Er krabbelt an mir hoch, als ich im Schwingstuhl sitze, und schmiegt sich an mich: Kopf an die Schulter, Ärmchen zusammengefaltet auf der Brust, die Beine angezogen auf meinem dicken Bauch. „Ich mit zwei Babys", denke ich lächelnd, „das eine kopfabwärts im Bauch, das andere kopfaufwärts auf dem Bauch."

Zwei Menschen in zwei Welten, nur getrennt voneinander durch eine Bauchdecke.

Noch.

DICKER BAUCH UND SCHLECHTE LAUNE

Schon beim Aufwachen habe ich schlechte Laune. Es sind nur noch wenige Tage bis zum errechneten Geburtstermin und mein dicker Bauch ist mir ständig im Weg.

Vorletzte Nacht hatte ich Wehen bekommen, keine starken, aber lang anhaltende und regelmäßige, die an eine beginnende Geburt denken ließen. Doch so plötzlich, wie sie anfingen, waren sie auch wieder verschwunden. Schade! Ich hoffte, sie kämen am nächsten Abend wieder, dass es weiterginge, doch in der Nacht passierte nichts.

Als mein Mann sich heute Morgen nach dem Stand der Dinge erkundigt, brumme ich nur etwas Unfreundliches daher. Schließlich sieht er doch selbst, dass nichts passiert ist.

Ich habe schlechte Laune, denn die Warterei ist zermürbend. Mit dem Bauch wächst der Wunsch, mir das Wesen, das ich rund um die Uhr mit mir herumtrage, endlich anschauen zu dürfen. Hat es Haare? Die Nase von Papa? Ich sehne mich geradezu danach, endlich die kleinen boxenden Hände und Füße selbst streicheln zu können, statt ihnen meine Eingeweide als „Sandsack" fürs Boxtraining zur Verfügung zu stellen. Und wie gerne hätte ich doch diesen unbequemen, schweren Bauch los!

Doch das ist nur die eine Seite beim Gedanken an die bevorstehende Geburt. Es gibt da schließlich noch die andere – nämlich die düsteren Erinnerungen an die vergangenen Entbindungen: drei lange und anstrengende Geburten, die mich jeweils an die Grenzen meiner Kräfte gebracht hatten, und ein Kaiserschnitt mit seinen unangenehmen Begleiterscheinungen. Eine nicht gerade glorreiche Kreißsaal-Karriere.

Sie hat mich zu der Überzeugung gebracht, dass ich nicht zum Gebären geboren bin.

Deswegen habe ich dieses Mal von Anfang der Schwangerschaft an viel und mit großem Glauben für eine einfache und schnellere Geburt gebetet. Doch irgendwann verließ mich der Mut und ich fragte mich, ob es nicht eher Gottes Wille sei, dass ich diese alles andere als einfachen Geburtsmomente mit *seiner* Hilfe durchstehe. Doch dann bekam meine brachliegende Hoffnung wieder neuen Aufschwung. Letzten Sonntag. Im Gottesdienst. Denn obwohl ich niemandem von meinen Ängsten erzählt hatte, wurde zum Gebet für mich und die bevorstehende Geburt aufgerufen. Vielleicht läuft es dieses Mal ja doch ganz anders ab.

Trotzdem macht mir neben dem dicken, unbequemen Bauch dieses ambivalente Verhältnis zum bevorstehenden Ereignis zu schaffen. Ich muss mich in diesen Schwangerschaftsendspurttagen wahrlich durch einen sehr dichten, undurchschaubaren

Gefühlsdschungel von Spannung, Vorfreude und Angst kämpfen. Ähnlich wie es nach der Geburt den allgemein bekannten *Babyblues* gibt, scheint es vor der Geburt (zumindest bei mir) die weniger berühmten, aber ähnlich blöden *Keine-Nerven-für-gar-nix-Tage* zu geben.

Ein persönlicher Tiefpunkt. Ausgerechnet heute Morgen! Missgelaunt mache ich mich auf, die Kinder zu wecken. Als ich dann bemerke, dass eins sein Bett komplett eingenässt hat, hebt sich meine Stimmung nicht gerade. Ich helfe ihm, sich auszuziehen und stelle es unter die Dusche. Permanentes Rumgemotze ertönt: „Ich mag aber nicht duschen! Das Wasser ist zu kalt! Nein! Ich mag nicht! Nicht so viel." (Als würde mir die Aktion Spaß machen.)

Ich merke, wie ich dabei bin, meine Geduld zu verlieren, doch da sehe ich mich selbst vor meinem inneren Auge: Bin ich gerade nicht genauso motzig? Es ist, als würde mir jemand einen Spiegel vorhalten, und ich erkenne mein eigenes Versagen. Nicht nur, dass ich schlechte Laune habe, sondern diese auch noch an meinen Mitmenschen, meinen Kindern auslasse und mich dabei noch im „guten Recht" fühle, da ich ja einen guten Grund (nein, sogar mehrere!) für meine schlechte Laune habe. Gleichzeitig durchfährt mich schlagartig der Gedanke an einen Bibelvers:

„Seid nicht bekümmert,
denn die Freude am Herrn ist eure Stärke."

Nehemia 8,10

Zack! (der hat gesessen) und *Bum, bum!* (das anschließende Donnergrollen stammt von den Steinen, die mir vom Herzen fallen). Ich habe meine Lektion gelernt. Die schlechte Laune ist im Nu vorbei.

Ich konzentriere mich neu darauf, meinen Blick von meinen Sorgen wegzulenken. Und siehe da, es funktioniert: Das Kind ist fertig geduscht. Das ist doch schon mal ein erster Grund, froh zu sein! Dann kommt das nächste Kind aus dem Bett gekrochen. Es kostet mich zuerst etwas Überwindung, aber ich beschließe, ihm einfach ein liebevolles Lächeln zu schenken. Ich merke, dass darauf fast wie automatisch eine Freude in mir folgt und dass in dieser Freude eine überwältigende Kraft steckt. Eine Kraft, die „von oben" kommt.

Dieses geistliche Prinzip ist mir nicht neu. Aber ich erlebe es neu. An diesem Morgen wie auch die nächsten Tage, als mich Nachbarn und Bekannte zum wiederholten Male fragen: „Wann ist es denn endlich so weit?"

OH, BABY!

Da liegst du nun, als könnte nichts auf der Welt deinen Schlaf stören. Nur dein Brustkorb hebt und senkt sich leicht, als wäre das völlig selbstverständlich, obwohl du erst vor wenigen Stunden deinen ersten Atemzug gemacht hast. Ich könnte Stunden verbringen, dein leicht zerknautschtes Gesicht zu betrachten und die runzeligen Händchen, die links und rechts davon liegen. Ich kann mich nicht sattsehen an dir und entdecke immer noch mehr winzige und witzige Details, die dein Aussehen so unverwechselbar machen.

Es ist purer Segen, dass es so ist, wie es ist: dass du so gesund und zufrieden hier liegst, dass du mein Baby bist und dass ich fit genug bin, diesen Augenblick zu genießen. Ich sauge diese Erkenntnis und deinen Anblick so gierig in mich auf wie du die erste Milch an meiner Brust.

Oh, Baby!

Man könnte auch sagen: „Wie schön" oder „Wie niedlich" oder „Wie bewegend". Aber einfach *Oh, Baby* zu sagen, vereint all dies in sich. *Oh, Baby!* ist Ergriffenheit pur. Und das geht nicht nur mir so.

Du weißt es noch nicht, aber der Anblick von friedlich schlafendenden Babys kann selbst den härtesten Männern weiche Knie verpassen. Gerade weil ihr noch nichts wisst, strahlt ihr eine solche Unschuld, eine solche Reinheit, ein solches „Alles ist gut" aus, wie sonst nichts auf der Welt. Ihr seid so unschuldig. Liegt darin verborgen vielleicht der letzte kleine Zipfel des Paradieses, ehe der Mensch den Baum der Erkenntnis entdeckte?

Ich muss über meinen eigenen Gedanken nachdenken. Rein theologisch gesehen ist das natürlich falsch. Aber ein Fünkchen Wahrheit steckt doch darin. Denn Erkenntnis bringt auch Sünde mit sich. Je älter wir werden, desto mehr wissen wir, wie kompliziert und undurchschaubar dieses Leben ist; wie schwer, es zu leben ist. Wir wissen, was auf uns zukommt, und machen uns verrückt über Dinge, die noch auf uns zukommen könnten. Wir werden ungeduldig und unzufrieden.

Auch du wirst schnell manches erkennen und vieles lernen, und jeder dieser Fortschritte wird gleichzeitig deine Ängste und Sorgen größer werden lassen. Du wirst lernen …

- dass deine Mama deinen Hunger stillt, und du wirst schreien, wenn sie nicht da ist.
- Dinge zu greifen und entrüstet feststellen, dass du nicht alles gleichzeitig in Händen halten kannst.
- die Schatten vor deinem Gesicht voneinander zu unterscheiden und damit auch Dinge sehen, die dir nicht gefallen.

Ich sehe dich, Baby, und muss nochmals an irgendwelche hartgesottenen Kerle denken, die mit ihren groben Händen ungeschickt, aber zärtlich über kleine rote Babywangen gestreichelt haben und nur noch *Oh, Baby!* über ihre Lippen bringen konnten. Sie selbst waren einmal solch kleine, unschuldige, engelsgleiche Wesen.

Irgendwann einmal.

Damals.

So wie wir alle.

Ich doch auch.

Ich kann es kaum glauben, dass auch ich einmal so friedlich dagelegen und meine Mitmenschen einfach durch mein Dasein in Verzückung gebracht habe. Seltsam, dass man sich an seine früheste Kindheit so gar nicht erinnern kann.

Aber, denke ich, ohne meinen Blick von dir zu lassen, das ist ja auch nicht verwunderlich. Denn irgendwie sind nicht nur die Erinnerungen von vor über drei Jahrzehnten weg. Ich kann mir ja nicht einmal mehr vorstellen, dass ich dich im Bauch getragen habe. Und das ist erst ein paar Stunden her.

„Konzentrier dich doch!"
„Aber Mama, ich bin doch kein Konzentrat!"

Gebet eines Babys

Die Worte aus Psalm 139 sind weitläufig bekannt. Aus der Perspektive eines Babys, das gerade auf diese Welt gekommen ist, werden sie noch eindrücklicher:

„Ja, du hast meine Nieren geschaffen,
mich im Bauch meiner Mutter gebildet.
Ich danke dir dafür,
dass ich so unglaublich wunderbar geschaffen bin.
Ich weiß, wie wundervoll deine Werke sind.
Nichts war dir unbekannt an meinem Körperbau,
als ich im Verborgenen geschaffen wurde –
ein buntes Gewebe in den Tiefen der Erde.
Ich hatte noch keine Gestalt gewonnen,
da sahen deine Augen schon mein Wesen.
Ja, alles steht in deinem Buch geschrieben:
Die Tage meines Lebens sind vorgezeichnet,
noch bevor ich zur Welt gekommen bin.
Wie kostbar sind für mich deine Gedanken, Gott!"

Psalm 139,13–17 (BB)

5.
KIND AN DER BRUST

Hier bin ich Mensch,
hier darf ich sein.

Hier bin ich Säugling,
hier hau ich rein.

Hier bin ich Kind,
hier will ich bleib'n.

Hier bin ich Mensch,
hier schlaf ich ein.

WAS ICH WÄHREND DES STILLENS NOCH SO TUE

Die 08/15-Liste

- Gegen den Schlaf ankämpfen.
- Löcher in die Luft und in Nachbars Garten starren. (Hat der etwa schon wieder die Hecke gestutzt?)
- Mein Kind anschauen in dem Bewusstsein, dass …
  - es das schönste und beste ist (tja, sorry, ihr anderen Mütter!).
  - es das liebste und bravste ist (wenn es mich nicht gerade in die Brustwarze petzt).

Die fromme Liste

- Beten (weil ich sonst nicht mehr dazu komme).
- Eine Kurzandacht lesen (Länge: max. 100 Wörter).
- Gott dafür danken, dass …
  - die Milch fließt (wo kommt die bloß her?).

- ich vier Stunden am Stück schlafen konnte.
- mein Baby das schönste, liebste und beste ist (was mir passieren konnte).

Die nicht zensierte Liste

- Eine SMS schreiben.
- Durchs Haus brüllen, dass die anderen Kinder gefälligst ruhig sein sollen, weil ich stille.
- In der Nase popeln.

Die Wahrheit: einfach von allem ein bisschen.

> Emily (2,5) will abends zugedeckt werden:
> „Machst du Deckel zu?"

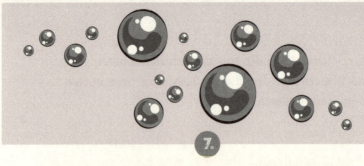

MMMPFPFPFCHCHCHSSSSSS

Du lachst.

Du hast ein wunderbares, zahnloses Sabberlachen. Und ich weiß, du lachst mich aus. Ich bin nicht so gut darin wie du. Ich gebe mir ehrlich Mühe, aber so einfach ist es eben nicht. Ich halte dich fest an deinen dicken Patschhändchen, suche deinen Blick und wage noch einen Versuch.

Du lachst schon wieder.

So macht Lernen Spaß, denke ich. Wenn der Lehrer selbst am meisten Freude hat. „Aber dieses Mal war ich gar nicht so schlecht, oder?", sage ich stolz. Ich merke, dass ich Fortschritte mache. Langsam zwar, aber ich werde schon besser.

Du schaust mich an und machst es mir noch einmal vor, so nach dem Motto: „Na ja, nicht schlecht, aber noch lange nicht so gut wie ich!" Du bist geduldig mit mir. Körperbeherrschung beherrschst du da bis ins kleinste Detail. Und du verstehst, den Druck auf den Punkt genau zu dosieren. Ich weiß nicht, ob ich selbst diese Geduld aufbringen könnte, aber du tust es. Du bist gerade mal vier Monate alt und kommst mir vor wie ein weiser

Lehrer. Du weißt, dass du mir weit überlegen bist, doch du behandelst mich gütig und freust dich mit mir über meine Fortschritte. Das ist ermutigend.

Ich setze neu an.

„Pfpfpfpfpfchchchchssssss ...", mache ich. Vorgestern habe ich nur ein *„Pfpfpfpfpfpfffffffffrrrrrrrr ..."* hingekriegt, eine schlechte Leistung.

„Mmmpfpfpfssssssschschlllppppp-pptrrrrr ...", antwortest du, um mir deine Überlegenheit nochmals in aller Klarheit aufzuzeigen. Wieder stoppst du mit schön weißem Schaum vor den Lippen und einem dicken Grinsen.

„Pfpfffffschschschschsch ..." Oh ne, das war ja gar nichts. Viel zu trocken. Für heute gebe ich mich geschlagen. Du bleibst unangefochtener Meister und ich freue mich jetzt schon auf unsere nächste Lektion im Sabberbläschenmachen.

> Jakob (fast 5) beim Blick auf seinen Teller:
> „Mama, sind das Fischsterbchen?"

Blasenmachen für die Großen

Zutaten:
- 75 ml Neutralseife (z. B. „Haka Neutralseife"*)
- 800 ml kaltes Wasser
- 100 ml lauwarmes Wasser
- 50 g Zucker
- 1 TL Tapetenkleister-Pulver (Metylan Normal)

* erhältlich bei Amazon

Anleitung:

Das Tapetenkleister-Pulver in das kalte Wasser einrühren, bis es sich richtig aufgelöst hat. Es dürfen keine Klumpen vorhanden sein. Die Neutralseife zu dem angerührten Tapetenkleister geben und wieder gut verrühren. Den Zucker in 100 ml lauwarmem Wasser auflösen. Richtig aufgelöst ist der Zucker, wenn das Wasser wieder klar und durchsichtig ist. Anschließend mit der Tapetenkleister-Mischung verrühren.

BAHNBRECHENDE ERFINDUNGEN

Was würden Sie antworten, wenn Sie nach den bahnbrechendsten Erfindungen gefragt würden? Das Rad, die Glühbirne, der Dieselmotor, die Dampfmaschine, der Computer?

Für mich würde so ziemlich weit vorne noch etwas anderes stehen, nämlich die Wegwerfwindel. Erfunden wurde sie angeblich vor rund 60 Jahren von einer patenten Mutter namens Marion Donovan.

Im Ernst: Gibt es etwas anderes, das uns Müttern den Alltag in den letzten 50 Jahren mehr erleichtert hat? Das Wickeln eines Babys kann uns zwar leider niemand voll und ganz ersparen, aber es doch deutlich vereinfachen. Ich als Mutter von gleich drei Windelkindern, die ich mal hatte, muss es ja wissen.

Ich bin bis heute ganz begeistert über diese leichten, dünnen, ruck-zuck-verschließbaren, dichten Dinger. Vor Jahren haben wir als Familie mal versucht, eine solche mit Wasser getränkte Windel zu trocknen. Doch nach zwei Tagen in praller Sommersonne haben wir aufgegeben. Die Windel war noch genau gleich schwer wie direkt nach ihrem Abgang ins Badewännchen.

Wie viel Hightech in dieser Hintern-Verpackung stecken mag, kann man als Laie nur erahnen. Und ich stelle mit Erstaunen fest, dass sogar in den vergangenen Jahren – seit dem Beginn meiner steilen Windel-Karriere als Mama – die sowieso schon dünnen Dinger noch flacher und die *High-Absorber*-Windeln zu *Ultra-High-Absorbern* entwickelt wurden. Doch langsam scheint die Grenze des Machbaren wohl erreicht worden zu sein, denn die neusten Windeln haben nämlich immer weniger mit den inneren Qualitäten zu tun als mit den äußeren. Wie kann man sich sonst erklären, dass schon auf den Windeln für Neugeborene hippe Motive aufgedruckt sein müssen? Mich nerven zum Beispiel diese grinsenden „Sesamstraße"-Figuren. Als ob das für die Babys irgendeine Bedeutung hätte. Letzten Endes geht es ihnen doch im wahrsten Sinne des Wortes am Allerwertesten vorbei.

Normalerweise.

Seit aber Michael entdeckt hat, dass nicht jede Windel das gleiche Bild ziert, darf ich ihm nicht mehr einfach irgendeine Windel am Po befestigen.

„Drauf? Muss gucken!", heißt es dann. Und nur, wenn auch wirklich zwei Delfine drauf sind, die Ball spielen, darf die Windel ran an seinen Po. Wehe aber, es ist ein Delfin drauf, der Muscheln sucht. Das geht gar nicht. Der „Nachtdelfin" mit Mond und Sternen geht ab und zu gerade noch so durch.

Angesichts der schnell schwindenden Vorräte im Hinblick auf die eingeschränkte und genehmigte Auswahl kann ich von Glück sagen, dass sich das übereifrig prüfende Kind hin und wieder übertölpeln lässt, wenn es auf der Wickelkommode liegend eine ach so schicke Delfin-mit-Ball-Windel in der Hand hält und ahnungslos betrachtet, während ich weiter unten gerade eine Allerwelts-Delfin-Windel zum Einsatz bringe. In Windeseile natürlich, die praktischen Klettverschlüsse machen's möglich.

Doch letztens hat Michael eine neue Entdeckung gemacht: Bei einer anderen Windelmarke lächeln verschiedene Tiere um die Wette, und weil er wissen wollte, um welche Tiere es sich dabei handelt, hat er einfach den Inhalt einer ganzen Packung auf dem Zimmerboden verteilt. Anschließend hat er schnell kapiert, dass es von der gleichen Tierart auch mehrere Exemplare geben kann, und angefangen, alle nach Tieren feinsäuberlich zu sortieren: hier zwei Affen, dort drei Elefanten, zwei Hunde und eine Katze, da vier Tiger übereinander. Das hat mich wiederum auf die Idee gebracht, dass man mit diesen Windeln ja auch Memory spielen könnte. Mit dem Ziel, die zuletzt aufgedeckte Windel ihrer eigentlichen Bestimmung zuzuführen.

Da in der nächsten Spielrunde eine Windel aber keinen Partner mehr hat, spielen wir dann nicht mehr Memory, sondern „Schwarzer Peter". Das nenne ich Mehrfachnutzen! Zumal diese Windel bei einem dicken Geschäft ihrem Namen alle Ehre machen würde!

Schon merkwürdig, dass die Windelindustrie damit noch keine Werbung macht. An was sie wohl schon wieder herumforscht? Windeln mit einem „Wasserstandsanzeiger" gibt's ja schon. Was wird den Herstellern wohl als Nächstes einfallen?

Die personalisierte Windel vielleicht, hergestellt nach Popo-Abdruck? Oder die Windel, die im Dunkeln leuchtet und somit einen Wechsel des Nachts im Stromsparmodus ermöglicht?

Was immer es auch sein mag, ich bitte darum, dass es uns Müttern das Leben wirklich einfacher und nicht noch komplizierter macht! Damit wir auch die nächsten paar Jahrzehnte noch gerne von der bahnbrechenden Erfindung namens Wegwerfwindel erzählen.

> Jakob (4,5) will etwas, das ich ihm nicht erlaube. Seine Drohung „Sonst liebe ich dich nicht mehr!" verfehlt ihre Wirkung, da ich das schon etliche Male von ihm gehört habe. Als er merkt, dass er damit nicht weiterkommt, stellt er sich schluchzend vor mich und klagt: „Aber ich habe dich schon so lange geliebt!"

KREISEZIEHEN

Es ist ein grauer kalter Samstagnachmittag, trotzdem zieht es mich nach draußen. Ich packe die drei Jüngsten (die sich noch am wenigsten wehren) in den Doppelwagen und aufs Laufrad – und los geht's! Nach einem halben Kilometer durchs Dorf biege ich ab auf einen Feldweg. Dann um eine Kurve, doch ich halte etwas verwirrt inne: Was liegt denn da? Ein riesengroßes weißes Tuch scheint sich über den Weg und das Feld auszubreiten, doch kurz darauf merke ich, dass es kein Tuch ist, auch kein Schnee, sondern eine überdimensional große Pfütze. Die Wasseroberfläche ist absolut ruhig und glatt; sie spiegelt den bewölkten Himmel wider, weshalb sie so weiß erscheint. Fasziniert schaue ich beim Näherkommen auf diesen wässrigen Spiegel. Links lässt er uns gerade noch genug Platz, um vorbeizugehen. Das will ich auch tun, doch Michael ist ähnlich fasziniert von der Pfütze wie ich, steigt vom Laufrad, sammelt Steinchen auf und schmeißt diese vom Weg aus ins Wasser.

Ich beobachte die kleinen Wellen, die von dem Stein ausgehen und sich in der Riesenpfütze wie Kreise von einem Ende zum anderen bewegen. Die kleinste Bewegung wird auf dieser topfebenen Fläche sichtbar.

„Ins Wasser fällt ein Stein", da müsste es doch dieses Lied geben, meine ich mich zu erinnern. Der weitere Text will mir aber partout nicht mehr einfallen. Während Emily schon auf den ersten Kinderwagenmetern eingeschlafen ist, hält es Aaron nun natürlich nicht mehr länger in seinem Sitz. Er beginnt wie sein älterer Bruder emsig Steinchen ins Wasser zu werfen. Ganz konzentriert sind die beiden am Werk, während ich ihnen zuschaue und in dieser beinahe andächtigen Atmosphäre einige Gedanken kreisen lasse.

Jemand hat dieses „Kreiseziehen" einmal mit der Sünde verglichen, die, obwohl sie vielleicht klein scheinen mag, unheimlich viel Negatives auslösen kann. Ich denke, dasselbe gilt umgekehrt auch für gute Taten: dass Auswirkungen manchmal auch in den entlegensten Winkeln noch zu spüren sind.

Doch was sind gute Taten? Ist nicht jeder „normale" Mensch bestrebt, gute Taten zu vollbringen? – Wie wenig merken wir doch davon! Ein afrikanisches Sprichwort sagt:

„Viele Menschen, die an vielen kleinen Orten
viele kleine Dinge tun, können das Bild dieser Welt verändern."

Doch wenn man die Nachrichten sieht, merkt man nichts davon. Kleine gute Taten, große Wirkung. Total illusorisch, liebe Karin. Aber vom christlichen Standpunkt aus gesehen halte ich dagegen. Es heißt doch schließlich in der Bibel, dass wir im Kleinen treu sein sollen. Von außergewöhnlichen Superleistungen ist selten bis gar nie die Rede. Vielleicht hilft es wirklich, uns an dieses Bild von den Kreisen im Wasser zu halten, wenn wir „kleine Dinge" verrichten.

Mittlerweile färbt sich der Himmel am Horizont rosa und so tanzen die Kreise nun in den verschiedensten Farben übers Wasser. Ein leiser Wind bläst feinste Wellen auf die Wasseroberfläche, und als es noch ein wenig zu nieseln anfängt, gesellen sich viele rosa und dunkelblau gefärbte Punkte dazu: ein Bild, wie es selbst ein Künstler hätte nicht besser malen können. Staunend stehe ich vor diesem Wunderwerk – einer Pfütze!

Erst als das Rosa verblasst und der Himmel dunkler wird, rufe ich meine in das wundervolle Steinchenwerfspiel vertieften Kinder: „Abmarsch!"

Aaron will natürlich gar nicht mehr zurück in den Kinderwagen, sondern lieber durch die schönen Pfützen am Wegesrand hüpfen.

Ich zögere. Soll ich es ihm erlauben? Das gibt doch wieder so eine Sauerei. Andererseits weiß ich, wie ich das selbst als Kind geliebt habe. Ich wäge kurz ab: Woran werden sich die Kinder in zehn, zwanzig Jahren mehr erinnern? Dass sie immer schön sauber waren oder wie viel Spaß sie beim Durchwaten dreckiger Pfützen hatten?

1:0 für die Pfützen.

Und ich? Woran werde ich mich in zehn, zwanzig Jahren erinnern? An ein paar dreckige Hosen und Schuhe (wenn ich ehrlich zu mir selbst bin, fallen die bei unserer Masse an Schmutzwäsche wirklich nicht weiter ins Gewicht) oder doch eher an die strahlenden Gesichter meiner Kinder? Mit einem leisen Seufzer lasse ich Aaron ziehen, mitten durch die spritzend dreckigen Wassermassen.

Ich muss lächeln.

Vielleicht war das meine gute Tat für heute.

Nass und glücklich wieder zu Hause angekommen suche ich nach dem Text des Liedes, von dem mir bislang nur der Titel eingefallen war, und bin berührt, weil er meinen eigenen Gedanken so nahe ist:

Ins Wasser fällt ein Stein, ganz heimlich, still und leise,
und ist er noch so klein, er zieht doch weite Kreise.
Wo Gottes große Liebe in einen Menschen fällt,
da wirkt sie fort
in Tat und Wort
hinaus in uns᾿re Welt.[1]

Manfred Siebald

10.

MEHR ARME, BITTE!

Bewundernd schaut mein Bekannter auf meine Oberarme. „Gehst du in die Muckibude, oder was?"

Ich grinse und schüttle den Kopf. „Also …", beginne ich zu erklären, „wenn du täglich und über mehrere Stunden ein nicht gerade leichtes Kind mit dir herumschleppst …"

„Aha, verstehe!", nickt mein Gegenüber.

„… und dann trägst du noch schwere Einkäufe vom Auto in die Küche, ein paar Wäschekörbe von A nach B und, und, und."

Tja, das körperliche Training mit Kind und Haushalt kann ganz schön effektiv sein.

So weit, so gut.

Nur glaube ich, jede Mutter träumt mal davon, dass ihre Arme nicht nur kräftemäßig an Qualität zulegen, sondern auch an Quantität. Im Klartext: Mit jeder Geburt müsste einer Mama noch ein Arm wachsen. Das würde sicher etliche Probleme lösen. Endlich könnte sie auch mit Baby im Arm dem älteren Kind das Pausenbrot schmieren und dabei noch die verknoteten Schnürsenkel entheddern, ohne dass der Milchreis im Topf anbrennt.

Nur mit der Auswahl an Kleidung, beispielsweise Pullovern, könnte es etwas schwieriger werden. Doch jede Oma, selbst Mutter mindestens eines Kindes, wüsste dann auch einen krakenähnlichen Pulli mit eben mindestens drei – wenn nicht gar mehr – Tentakeln zu stricken.

Ja, viele Arme können viel bewirken, sogar Übermenschliches. Vielleicht gibt es deshalb in anderen Religionen so oft die Vorstellung vielarmiger Götter. So zum Beispiel im Hinduismus, wo die vielarmige Göttin Kali als Mutter und Beschützerin der Menschen angesehen wird.

Unser Gott hingegen ist in Menschengestalt auf diese Erde gekommen – mit nur zwei Armen und beruhigenden Worten: *„Denn Arme habt ihr allezeit bei euch"* (Johannes 12,8, LU).

Scherz beiseite! Jesus hat hier keine Extremitäten gemeint. Doch der doppeldeutige Wortsinn lässt mich schmunzeln wie nachdenken.

Die schlechte Nachricht zuerst: Mehr Arme wird es für Mütter einfach nicht geben. Wirklich schade! Denn ab drei Kindern wird alleine das Händchenhalten schon schwierig.

Nun aber die gute Nachricht: Die unveränderliche Größe von zwei Armen zeigt mir, dass ich als Mutter nicht noch mehr (und noch viel mehr) schaffen muss! Vor allem nicht gleichzeitig. Auch wenn ich es vielleicht gerne manchmal würde; ich muss nichts Übermenschliches leisten. Ich darf mich vielmehr geborgen wissen in den beiden ausgebreiteten Armen eines Gottes, der am Kreuz die ganze Welt umarmte. Und es ist gut zu wissen, dass man sich in diese Arme fallen lassen darf, wenn die Kraft der eigenen nicht mehr ausreicht.

> Ich zu Johannes bei den Hausaufgaben:
> „Hat die Lehrerin gesagt, dass ihr das
> schön schreiben müsst?"
> „Hm, sie hat gesagt, dass wir das in Sonntagsschrift
> schreiben müssen."
> „Also, dann mach das doch bitte auch!"
> „Aber Mama, ich kann nicht Sonntagsschrift
> schreiben; heute ist Montag!"

11.
HELDINNEN

Heldinnen
riskieren
kämpfen
retten
schießen
explodieren
zerfetzen
überfliegen
überwinden
geben alles
geben nicht auf
haben überirdische Kräfte
werden bewundert

Mütter

riskieren – ihre Karriere
kämpfen – gegen die Müdigkeit
retten – Regenwürmer vor dem Austrocknen
schießen – Etiketten in Basarklamotten
explodieren – vor Wut über Ungerechtigkeiten
zerfetzen – Salatblätter
überfliegen – Abschreibtexte
überwinden – Vorurteile
geben alles – auf
geben nicht auf – trotz allem
haben überirdische Kräfte
werden bewundert – von großen Kinderaugen

DER ABSCHIED VON MEINEM IDEAL

„Immer diese blöde Frage", denke ich leicht verstimmt. Dabei hat alles ganz harmlos als typisches Geplauder unter Müttern angefangen. Ihre, meine und noch ein paar andere Kinder sind zwischen Bauklötzen und Büchern herumgewuselt und wir beide haben uns über typische Themen wie „Gläschenfütterung" und „Eingewöhnung im Kindergarten" unterhalten. Bis ich meine Arbeit erwähnt habe.

„Wie?", meint sie ungläubig. „Du arbeitest immer noch? Und hast fünf Kinder?"

Ich nicke. „Na ja, ich arbeite von zu Hause aus."

Ihr Blick sagt mir, dass sie sich mit dieser Antwort nicht zufriedengibt. Also erzähle ich weiter: „Wir hatten früher eine Firma, mein Mann und ich. Die haben wir verkauft, aber ich arbeite weiterhin im Homeoffice für die Firma, die uns übernommen hat. Das ist nicht sooooo viel Arbeit, das geht."

Sie schüttelt den Kopf und schaut mich prüfend an. „Wie schaffst du das bloß?" Da ist sie, die Frage, die ich überhaupt nicht mag. Sie ist eine furchtbar gefährliche Frage, auf die es nur falsche Antworten gibt. So wie wenn die Ehefrau ihren Mann fragt, ob er sie schön findet. Antwortet er darauf mit „Nein", ist sie beleidigt, sagt er „Ja", hält sie ihm vor: „Das sagst du doch nur so."

Hier verhält es sich ähnlich. Sage ich: „Ist doch alles kein Problem!", gelte ich als arrogante Karrieremutti. Sage ich: „Ich schaffe es eigentlich gar nicht", heißt es: „Das sagst du nur so." Dabei ist es wahr. Nur fällt es mir unheimlich schwer, darüber zu reden, wenn die Gefahr besteht, in der nächsten Sekunde von einem herumfliegenden Klötzchen getroffen oder einem „Mama, der andere hat ...!"- kreischenden Kind unterbrochen zu werden. Diese Geschichte ist nämlich sehr lang.

Wilfried und ich hatten uns übers Internet kennengelernt. Zu einer Zeit, in der es weder Flatrate noch mobile Daten, geschweige denn Chats gab, aber wir schrieben uns täglich immer längere E-Mails von Hessen nach Sizilien, wo ich damals arbeitete, und zurück.

Als wir uns die ersten Male schrieben, entpuppte sich das uns verbindende Thema einer „Kindheit im Geschäftshaushalt" zu einer wichtigen Gemeinsamkeit. Mein Vater führte eine Weberei, über der wir unsere Wohnung hatten. Ich atmete Baumwollstaub, sang zum Takt der ohrenbetäubend lauten Webstühle und musste jede Woche kistenweise Restfäden von Fadenspulen ziehen, damit diese wieder neu bespult werden konnten.

Wilfrieds Vater hatte einen Brennstoffhandel. Er atmete den Staub von Kohle, die er absacken musste, und ging mit dem Vater auf „Tour", bei der er die Kunden mit Heizöl belieferte.

Wir wussten beide, wie es ist, wenn die Eltern keine geregelten Arbeitszeiten haben und geplatzte Aufträge eine direkte Auswirkung auf die Haushaltskasse bedeuten. Ich konnte mir dieses Leben nicht weiter vorstellen. Wilfried hingegen schon. Für ihn gab es nichts anderes. Schon als Kind hieß es: „Du machst mal die Firma weiter." Und dieser Satz wurde schneller wahr als gedacht, da sein Vater verstarb, als Wilfried gerade mal 19 Jahre alt war. Wilfried bekam dann eine Sondergenehmigung, um frühzeitig den Lkw-Führerschein zu machen und somit den Fortbestand des Familienbetriebes retten zu können.

Als Wilfried und ich uns Gedanken über unsere gemeinsame Zukunft machten, bekam ich einen ähnlichen Satz zu hören: „Du machst in der Firma mit!" Ich wusste also schon von Anfang an, ich heirate nicht nur einen Mann, sondern mit ihm auch eine Firma. Und da ich überzeugt war, dass es Gottes Wille war, Wilfried zu heiraten, sagte ich „Ja" zu ihm und damit auch „Ja" zu einem Leben mit einem eigenen Geschäft. Nicht mein Traumberuf, aber es funktionierte irgendwie: telefonische Anfragen beantworten, Heizölpreise sondieren, Angebote abgeben, Bestellungen annehmen, Rechnungen schreiben. Es ging auch so lange gut, bis (Achtung! Jetzt kommt ein Standardsatz, den wohl alle Mütter kennen), ja, bis das erste Kind da war.

Unser Kind erforderte viel Aufmerksamkeit, und zwar mehr, als ich ihm geben konnte. Es lag oft in seiner Wippe im Büro neben mir, weil ich noch so viel zu tun hatte. Irgendwann fing es an zu schreien – weil es Bauchweh hatte, weil es ihm langweilig war oder weil es eben einfach unbeachtet blieb. Es zerriss mich. Ich wollte mich so gerne um mein Kind kümmern, doch ich konnte nicht, weil ich keine Zeit hatte. Ich war sogar manchmal sauer auf mein Kind, obwohl ich es eigentlich mit Liebe überschütten wollte, weil es mich mit seinem Geschrei einfach nicht telefonieren ließ.

Irgendwann heulte nicht nur das Baby, sondern auch ich, und ich merkte, wie meine ganzen Träume im Heizöl erstickten. Ich hatte mir immer Kinder gewünscht, am liebsten viele. Ich wollte ein erzieherisches Vorbild sein und anderen Müttern helfen, so wie ich überhaupt gerne anderen Menschen auf der Welt helfen wollte. Doch nun saß ich da und tippte Bestellmengen in Tabellen ein und diskutierte um Zehntel- und Hundertstelcents pro Liter Heizöl und konnte mich nicht einmal um mein eigenes Kind kümmern. Ich verstand es nicht: Wie konnte Gott, der doch wollte, dass ich mein Kind richtig erziehe, es zulassen, dass ich es ganz offensichtlich nicht schaffen würde, es richtig zu erziehen? Meine Unzufriedenheitsbekundungen ihm gegenüber wurden immer lauter und unhöflicher.

Gott jedoch ließ sich davon scheinbar nicht beirren.

Eines verzweifelten Tages antwortete er (nicht akustisch, sondern in mir drin, aber so klar und deutlich, dass es sich nicht nur um einen verirrten Gedanken handeln konnte):

„Hey Karin, wer sagt denn, dass du dieses Kind *richtig* erziehen musst? Und warum musst *du* das Kind richtig erziehen?"

„Hä? Äh, wie bitte?", dachte ich und sagte: „Aber Gott, ich bin doch seine Mama!" Hatte er das etwa übersehen oder vergessen oder was? „Das ist doch *meine* Aufgabe!"

„Ja", antwortete Gott, „aber du bist doch nicht die Einzige, die dieses Kind erziehen kann und wird! Was ist mit mir? Bin ich als sein himmlischer Vater nicht auch in der Lage, diese Aufgabe zu übernehmen?"

Oh ja, nun erinnerte ich mich wieder daran, was mein Mann und ich kurz nach der Geburt unseres kleinen Babys gebetet hatten. Wir waren uns bewusst, dass ein Kind nicht unser Besitz ist, an dem wir uns festzuklammern haben, sondern eher eine „Leihgabe" von Gott, die wir irgendwann auch wieder abgeben werden müssen. Wie hatte ich das bloß vergessen können? Ich hatte mich als Mutter (wohl unbewusst) an etwas festgekrallt. Wenn auch nicht direkt am Kind im physischen Sinne, so doch an seiner Erziehung. Oder genauer: an meine Vorstellungen von seiner Erziehung. Und ich erkannte: Ich musste mein Kind (samt seiner Erziehung) noch mal neu Gott anvertrauen.

„Meine Gnade genügt dir, denn meine Kraft kommt in Schwachheit zur Vollendung." Diesen Bibelvers aus dem 2. Korintherbrief (12,9) hatten Wilfried und ich uns für unsere Trauung ausgesucht. Er sollte über unserem (Ehe-)Leben stehen. Aber jetzt erst wurde mir klar, dass er auch über unserem Familienleben zu stehen hatte, vielleicht sogar mit Ausrufezeichen!

Der Apostel Paulus schreibt weiter: „Sehr gerne will ich mich nun vielmehr meiner Schwachheiten rühmen, damit die Kraft Christi bei mir wohne."

Ja, ich war schwach. Ich fühlte mich sogar als große Versagerin. Ich war nicht fähig, meinem Kind all das zu geben, was es in meinen Augen brauchte. Wenn nun diese Bibelstelle aber recht hat, dann ist dies kein Grund, in Schutt und Asche zu gehen, sondern vielmehr eine Voraussetzung, dass Gottes Kraft in meinem Leben wirken kann.

Diese Erkenntnis wirkte sich auf mich unheimlich erleichternd aus. Ich verzweifelte nicht mehr an meinen eigenen Ansprüchen, weil ich wusste: Da ist noch jemand, der eingreifen kann. Und dieser Jemand hat es viel besser drauf als ich!

An unserem Alltag hingegen änderte sich nicht viel. Er war nach wie vor sehr hektisch und nicht gerade kinderfreundlich. Und als noch mehr Kinder dazukamen, geriet ich immer wieder an die Grenzen des Machbaren. Aber meine Einstellung änderte sich. Manchmal forderte ich Gott regelrecht auf: Zeig, was du kannst! Andere Male wiederum waren es nur stille Gebete, dass er doch meine mangelhafte, unvollständige Erziehung perfektionieren möge. Ich stellte mir dabei gerne eines dieser Kuchendiagramme aus dem Matheunterricht vor: Selbst unter größter Anstrengung würde ich die 100%-Perfektion nicht erreichen. Aber Gott kann das Fehlende ergänzen. Er beschränkt sich nicht auf eine bestimmte „Prozentzahl". Aber ich merkte, wie *ich Ihn* beschränke, wenn ich der Meinung bin, es ohne ihn zu schaffen, indem ich ihn nicht um Seine Hilfe bitte.

Zugegeben, schön war diese Zeit nicht gerade. Unser Geschäft hatte tatsächlich einiges in meinem Leben zunichtegemacht, neben ein paar Träumen vor allem unerreichbare Idealvorstellungen.

An all das muss ich denken, wenn mich jemand fragt: „Wie schaffst du das bloß?" Meist liegt darin eine gewisse Bewunderung („Ich könnte das nicht"), aber auch eine gewisse Bedrohung („Bin ich schlechter als du?").

Im Allgemeinen wird erwartet, dass meine Antwort lauten müsste: „Weil ich so toll, so perfekt organisiert oder so stark bin." Dabei ist es genau umgekehrt: Ich schaffe es, weil ich so schwach bin. Oder noch konkreter ausgedrückt: weil mir bewusst ist, wie schwach ich bin.

Während der Predigt fragt Michael (4) seinen Papa:
„Du, ist der Mann sauer?"
„Nein, wieso?"
„Weil der so schimpft."

HOMERUN SCHLAGEN DU WILLST, WARUM?

Auweia. Die Sportart Baseball, eine gefaltete Fingerpuppe und Charaktere aus dem Film *Star Wars* in einen Zusammenhang zu bringen, ist schon eine gewisse Herausforderung. Und nun komme ich und will auch noch einen Bogen zu Kindererziehung schlagen – wirklich ein sehr gewagtes Unterfangen!

Der ersten Herausforderung hatte sich ein gewisser Tom Angleberger in einem Kapitel seines Kinderbuches *"Yoda ich bin! Alles ich weiß!"*[2] angenommen. Diese Lektüre hatte ich mit den besten pädagogischen Absichten gekauft; es sollte nämlich unseren begeisterten Star-Wars-Fan zu einem im besten Fall ansatzweise so begeisterten Bücherfan machen. Leider war dieses Konzept nicht von Erfolg gekrönt und statt des leseunwilligen Sohnes amüsierte sich die Mutter über die Anekdoten vorpubertärer Siebtklässler, in denen sich ein „Origami-Yoda" ihrer Probleme annimmt.

Besonders angetan hatte es mir dabei das Kapitel über Mike, denn mir wurde klar: Genau das habe ich auch so erlebt! Mit dem kleinen Unterschied: Während Mike (männlich, ca. 12 Jahre alt) den Wunsch hat, in Baseball zu brillieren, ging es bei mir (weiblich, ca. 30 Jahre alt) um meine Sehnsucht, als Mutter erfolgreich zu sein. Doch was wir beide, Mike und ich, gelernt haben, das könnte durchaus auch für andere interessant sein, die sich mit Bällen oder Kindern abmühen. Deshalb wage ich nun also, mich dieses sich sonderbar anhörenden Rundumschlags mit Baseballschläger anzunehmen!

Los geht es mit Mike, der sein Problem folgendermaßen beschreibt: „Ich wollte einfach nur den verdammten Ball treffen, Alter. Aber es hieß immer bloß Strike, Strike, Strike. (...)
Ich kann's ja gleich zugeben, denn in der Schule wissen es eh schon alle: Ich muss dann immer heulen. Aber meine Tränen sind keine „Bu-hu-hu"-Tränen, sondern Tränen der Wut. Für mich ist das ein Riesenunterschied. Andere sehen das wahrscheinlich nicht so. Ich denke mir immer, wenn ich mal den Ball treffen würde, vielleicht sogar einen Homerun schlagen könnte, dann wäre ich ein Held, und keiner würde mehr an die ganzen Strikes und Tränen denken. Aber stattdessen passiert Folgendes: Ich sage mir: „Jetzt triffst du, jetzt zeigst du's allen, den hau ich jetzt volle Kanne weg!" Und dann schlag ich wieder daneben ..."

Beim Baseball muss der mit Helm und (logischerweise) Baseballschläger ausgestattete „Batter" (oder deutsch: Schlagmann) einen Ball, der ihm vom sogenannten Pitcher zugeworfen wird, möglichst weit ins Spielfeld befördern. Gelingt das nicht, produziert der Schlagmann einen „Strike" und nach drei Strikes fliegt er dann aus dem Spiel.

Boing! Keine einfache Sache, einen bereits im Flug befindlichen Ball von rund 7,5 Zentimetern Durchmesser zu treffen! Und ich hatte lange Zeit mit einem sehr ähnlichen Problem zu kämpfen wie Mike: Ich kam mir als Mama voll unfähig vor, denn ich schien den lieben langen Tag nur Strikes zu vollbringen.

Mein großer Traum lautete: Irgendwann, wenn ich nur eine außergewöhnlich tolle Tat als Mutter vollbringen könnte, würden all meine Tränen und die vielen Unzulänglichkeiten, das heißt die *Strikes*, die ich so den lieben langen Tag vollbringe, vergessen sein. Dafür war ich bereit, immer wieder den Schläger in die

Hand zu nehmen (das ist jetzt natürlich nur im übertragenen Sinne so gemeint.) und zu versuchen, den Ball zu treffen. Doch meine Mühen schienen vergebens zu sein, so wie bei Mike.

In Mikes Geschichte tritt nun eine Fingerpuppe in der Form von Yoda – dem weisen, aber sonderlich sprechenden Lehrmeister aus *Star Wars* – auf, den er um Rat fragt:

„Yoda, kannst du mir helfen, einen Homerun zu schlagen?"

„Homerun schlagen du willst, warum?", fragte Yoda.

„Na ja, also, damit wir gewinnen, oder? Deshalb spielt man doch das Spiel, oder?"

Yoda schwieg und sah mich nur mit seinen winzig kleinen Augen an.

„Ich meine, ich will einmal in meinem Leben auch ein Held sein, klar?", sagte ich.

„Ich will nicht immer nur danebenschlagen. [...] Ich habe die Schnauze voll davon, dass dieser Kartoffelpuffer und die anderen Sportskanonen immer gewinnen. Ich würde denen so gerne mal zeigen, dass sie nicht besser sind als ich."

„Besser als du sie sind", sprach Yoda. [...] „Deine Wut loslassen du musst, Mike. Rache und Hass nur auf die Dunkle Seite der Macht führen."

In der nächsten Sportstunde war natürlich alles wie immer. Das Yoda-Orakel half mir überhaupt nicht. [...] Da stand ich also mit dem Schläger in der Hand. [...] Wenn ich es schaffen könnte, nicht mehr ständig zu denken, wie sehr ich dieses Spiel, Kartoffelpuffer, den Pitcher, die gegnerische Mannschaft und Miss Toner hasse, dann würde die Dunkle Seite der Macht vielleicht von mir ablassen und die Gute Seite würde mir helfen, den Ball zu treffen, so wie sie Luke geholfen hat, den Todesstern zu vernichten. Doch der Ball sauste so schnell an mir vorbei, dass ich keine Chance hatte, ihn zu treffen.

„Strike eins!", rief Miss Toner, die Schiedsrichterin.

Ich versuchte trotzdem nicht wütend zu werden. Selbst wenn ich geschlagen hätte, wäre es wahrscheinlich danebengegangen und also ein Strike gewesen.

Ein zweiter Wurf flog an mir vorbei.

„Ball eins!", rief Miss Toner.

Das war schon mal nicht schlecht. Denn wenn der Pitcher nicht den kleinen Bereich zwischen den Hüften und den Schultern über der Homebase traf, dann galt der Wurf als daneben, und das nannte man „Ball". Nach vier Balls darf man zur ersten Base, das war ein Walk. Das hatte ich noch nie geschafft, meistens bin ich so aufgeregt, dass ich immer schlage, auch wenn der Wurf im Aus ist.

Der nächste Wurf war viel zu hoch. Normalerweise versuche ich die Dinger trotzdem zu erwischen. Aber diesmal blieb ich einfach stehen.

„Ball zwei!", rief Miss Toner.

Vielleicht kriege ich ja einen Walk, dachte ich. Auch den nächsten Wurf ließ ich vorbei. Das war ein Fehler.

„Strike zwei!"

Beim nächsten Strike war ich draußen. Also würde ich ver-

suchen müssen, den nächsten Ball echt zu treffen. Als der nächste Wurf kam, hörte ich eine leise Stimme in meinem Kopf sagen: „Schlag den Ball!"
War das Yodas Stimme? Ich schlug also.
„Strike drei!", erklärte Miss Toner. „Du bist draußen. Gut gemacht, Mike."

Wie Mike hatte ich mich immer total bemüht, eine heldenhafte Homerun-Mama zu sein und produzierte doch immer wieder nur Strikes. Oder sollte ich vielleicht besser sagen: Ich produzierte so viele Strikes, *gerade weil* ich mich so sehr abkrampfte? Beim Baseball besteht die Schwierigkeit für den Schlagmann nämlich nicht nur darin, den geworfenen Ball möglichst präzise zu treffen und somit möglichst weit zu pfeffern. Sondern auch darin, abschätzen zu können, wann der Pitcher ungenau wirft – und dann *gar nichts* zu tun, sondern den Ball ins Aus fallen zu lassen.

Das ist eine der wichtigsten Lektionen, die ich in meiner Mama-Karriere gelernt habe! Und ausgerechnet dieses Buch, das ich auf Wunsch meines Sohnes gekauft hatte (mein hehres Ziel, damit seine Lesekompetenzen zu fördern, erreichte ich dadurch aber leider nicht), beschrieb so wunderbar, wie ich meinen Weg aus meiner Erziehungs-Strikes-Produktion herausgefunden habe.

Die Bälle, die so auf uns Mütter zuschnellen, sind einige: unsere eigenen Ansprüche, die Erwartungen von Kindergarten oder Schule, Bedingungen von Ämtern oder Arbeitgebern und natürlich die Kinder selbst, die uns permanent fordern. Ehrlich gesagt, es sind nicht nur viele, es sind *zu* viele. Und die Wahrheit ist: Wollten wir alle Bälle erwischen, würden wir uns nur selbst kaputtmachen. Ein Umdenken ist daher angesagt. Die Frage darf also nicht lauten *„Was kann ich tun, damit ich mehr Bälle treffe?"*, sondern *„Welchen dieser Bälle kann ich getrost ins Aus fallen lassen?"*.

Ich habe angefangen, kleine Bälle ins Aus gehen zu lassen. Ich habe zum Beispiel gelernt, dass ein bisschen Geschrei dazugehört und habe die „Nur lächelnde Babys werden glückliche Kinder"-Vorstellung fallen gelassen. Ich habe auch angefangen, den Babybrei im Gläschen zu kaufen und dabei meinen eigenen „Ich mache so viel wie möglich selber"-Anspruch fallen gelassen. Habe später ein Kind von einer ungeliebten Fördermaßnahme abgemeldet und dabei den „Wir wollen nur das Beste für unsere Kinder"-Anspruch unserer Gesellschaft hintangestellt. Ich blieb einfach stehen – und durfte mit einem Lächeln zusehen, wie diese Bälle ins Aus gegangen sind. Zugegeben, es war auch manch falsche Entscheidung darunter. In ein paar Fällen hätte ich mich doch besser abgemüht und so vielleicht den Ball doch noch erwischen können. Doch im Großen und Ganzen war meine Taktik sehr erfolgreich. Sie hatte mir den einen oder anderen Walk beschert. Ich machte Schritte vorwärts ...

weil ich mich weniger abkrampfte,

weil ich mich weniger über mich selbst ärgerte,

weil ich weniger Zeit mit Selbstvorwürfen, Selbstzweifeln und vor allem Selbstmitleid verbrachte.

Ich ging zurück zur Mannschaftsbank und versuchte zu kapieren, was gerade passiert war. Hatte ich Yoda falsch verstanden?

Da sagte Yoda: „Nicht geweint du hast."

Er hatte recht. Ich hatte nicht geweint. Nicht mal meinen Helm hatte ich auf den Boden geschmissen. Ausnahmsweise hatte ich mich nicht wie ein Vollidiot aufgeführt. Dann war Kartoffelpuffer dran und der pfefferte den Ball ewig weit weg. Wieder ein Homerun. In dem Moment verstand ich, dass Yoda recht hatte. Typen wie Kartoffelpuffer sind einfach besser. Bessere Sportler, meine ich. Muss ich sie deswegen hassen? Und rumheulen? Na ja, seitdem schlag ich immer noch meistens daneben, aber manchmal hole ich auch einen Walk.

Sie existieren auch in der Welt der Mütter, die Kartoffelpuffer-Typen: Frauen, die es einfach draufhaben. Deren Babys zufrieden gurgeln statt quengelig schreien. Mütter, die immer wissen, was ihrem Kind fehlen könnte und wie sie den Mangel in Kürze beheben. Deren Kinder sich genau nach Plan entwickeln. Deren Haus immer blitzblank geputzt ist. Mütter, die lustige Spiele spielen und tolle Ausflüge unternehmen. Sie sind – in diesen „Disziplinen" zumindest – einfach besser als ich. Das kann frustrierend sein, aber muss ich sie deswegen hassen? Und rumheulen?

Nein, muss ich nicht.

Und: Ja, es ist ungerecht!

Wir hatten beispielsweise in unserer Krabbelgruppe eine Mutter (mit zwei Kindern), die immer mühelos den Überblick behielt, der mir (mit fünfen) so oft fehlte: „Ist es okay, wenn dein Kind auf der Couch herumturnt? Wo ist eigentlich das andere Kind mit den vielen Salzstangen hin verschwunden?" Warum hatte Gott mir zwar fünf Kinder, aber nicht die Gabe der Übersicht geschenkt? Das war eindeutig unfair von ihm! Doch ich merkte: Ich kann mir die ganze Krabbelstunde über ein schlechtes Gewissen machen oder aber mich darüber freuen, dass eine andere Mutter die Augen offen hält. Und ich stellte fest: Wenn eine Kartoffelpuffer-Mutter in meinem Team ist, dann stehen die Chancen zu gewinnen gut. Deshalb versuche ich, die besseren Mütter nicht zu neiden, sondern mit ihnen zusammenzuarbeiten. Auch das ist eine sehr erfolgreiche Taktik, die gleichzeitig der anderen Mutter den Rücken stärkt.

Außerdem hat es mir gutgetan, mich mit der Eingangsfrage Yodas zu beschäftigen: *Homerun schlagen du willst, warum?*

Wem will ich etwas beweisen?

Bin ich mir bewusst, dass das Verhalten, verärgert und ziellos um mich herumzuschlagen, mich viel mehr zu einer Vollidiotin macht, als wenn ich versuche, die Bälle richtig einzuschätzen und die schlechten einfach ins Aus fallen zu lassen?

Ich denke: Die Gute Seite der Macht zu mir gesprochen hat!

Johannes (fast 6): „Heute habe ich gelernt, dass Schukis (Vorschulkinder) schlau sind!"

14.
UNGEFÄHR

„Das ist ungefähr!", schnaubt mein kleiner Sohn. Seine Augen füllen sich langsam mit Tränen.

„Was?"

„Du bist gemein! Du bist ungefähr!", bekräftigt er wütend und lautstark. Der Situation war soeben ein Streit mit seinem Bruder vorausgegangen.

„Du meinst *unfair*", versuche ich zu klären.

„Ja, total ungefähr!", erwidert mein Kind schluchzend. Und wo sich eben noch zappelige gestreckte Ärmchen gegen mich gewehrt haben, plumpst nun der ganze aufgebrachte Körper in meine.

„Du fühlst dich also ungerecht behandelt", brumme ich und spüre, wie sich der Kopf unter den tränennassen Haaren langsam auf und ab bewegt. Mit einem „Okay!" ziehe ich mein Kind auf meinen Schoß. „Hör mal, dein Bruder ist auch ..." Ich unterbreche mich selbst. Was für ein Quatsch! Der Bruder fühlt sich genauso ungerecht behandelt. Natürlich tut er das. Von fünf Kindern fühlen sich gefühlte sieben immer ungerecht behandelt, ein Gesetz in Mehrkindfamilien. Das Schöne daran ist: Wenn sich alle ungerecht behandelt vorkommen, dann kann man im Prinzip ziemlich sicher sein, dass die ungerechte Behandlung wenigstens ziemlich gerecht verteilt ist. Nur leider wird diese Argumentation erst in ungefähr zwanzig Jahren zu dem Häufchen Elend auf meinem Schoß durchdringen können, nämlich dann, wenn es auf eigenen Beinen steht und nicht in einem permanenten Konkurrenzkampf zu seinen Geschwistern steht.

„Weißt du", beginne ich neu, „ich habe vor Kurzem eine Geschichte gelesen, na ja, eigentlich ist es keine Geschichte, aber egal. Es geht darum, dass eine Mama eine Tafel Schokolade hat und vier, nein, sagen wir fünf Kinder. Wie teilt sie die Schokolade auf?"

Mein Kind schaut verwundert aus seinen roten Augenlidern. Beim Wort „Schokolade" wittert es gleich wieder Morgenluft.

„Nein, es gibt jetzt keine Schokolade!", lache ich. „Aber stell dir vor, ich hätte eine. Wie soll ich die aufteilen?"

„Die Stücke abbrechen."

„Und wenn es nun aber nicht genau fünf Reihen sind? Dann ..." Ich unterbreche mich wieder selbst und höre meiner inneren Stimme zu. *Erklär ihm doch gleich, wie man Prozente rechnet. Das kapiert er etwa gleich gut.*

„Also, wir brechen die Schokolade in Stücke, die alle gleich groß sind, einverstanden?"

Nicken.

„Jetzt ist es aber so, das älteste Kind ist schon, ähm, fünfzehn Jahre alt und fast so groß wie Papa!"

„Nein, ist es nicht!", hält mein Kind empört dagegen.

„Nein, bei uns nicht. Noch nicht. Aber bald. Aber bei dieser anderen Familie ist es so. Das älteste Kind ist fast so groß wie Papa und das kleine ist etwa so groß wie du. Und das ältere Kind findet es deshalb *ungefähr*, äh, *unfair*, wenn es ein gleich großes Stück kriegt, obwohl sein Mund doch viiiiiiiiiiel größer ist. Findest du nicht auch?"

„Nein, finde ich nicht! Ich will auch Schokolade haben! Ganz viel Schokolade haben!"

„Ja, schon klar! Aber wenn du größer bist, willst du *noch mehr* Schokolade haben, oder?"

„Nein, will jetzt Schokolade haben!"

„Puh, also da ist aber noch ein anderes Kind, das ist dummerweise allergisch gegen die Milch in der Schokolade."

„Wieso tut es die Schokolade in die Milch?"

„Nein, es tut nicht die Schokolade in die Milch, sondern in der Schokolade ist Milch drin!"

„Ich habe aber noch nie Milch in der Schokolade gesehen. Nur Nüsse. Oder Luftbläschen."

„Die Milch ist ja auch in der braunen Masse drin."

„Echt? Und wieso ist die dann braun, die Milch ist doch weiß."

„Ja, aber ... Tust du mir einen Gefallen? Glaub mir jetzt einfach, dass in der Schokolade Milch ist und ..."

„In allen Schokoladen?"

„Nein, nicht in allen, aber in der Schokolade dieser Geschichte ist Milch drin, okay?"

„Okay."

„Und das eine Kind ist allergisch gegen Milch. Es darf diese Schokolade nicht essen. Stell jetzt bitte keine weiteren Fragen. Es ist einfach so! Jedenfalls findet dieses Kind es auch total *ungefähr*, dass es zwar eines dieser Stückchen Schokolade bekommt, aber nicht essen darf. Okay?"

„Kriegt es was anderes?"

„Ja, vielleicht kriegt es stattdessen Gummibärchen, aber das finden dann die anderen wieder doof und sagen, das ist gemein, dass wir keine Gummibärchen bekommen."

„Warum gibst du dann nicht von Anfang an allen Gummibärchen?"

„Weil ... Ja, weil ... Keine Ahnung."

Mein Kind hüpft erleichtert von meinem Schoß. In Wirklichkeit habe ich ihm keine Geschichte erzählt oder versucht zu erzählen. In Wirklichkeit habe ich es nur getröstet, ihm über den Rücken gestreichelt und ihm versprochen, dass es das nächste Mal als Erstes drankommt. Ich bete innerlich, dass ich es beim nächsten Mal auch wirklich nicht vergesse. Dass sich mein Versprechen nicht als Versprecher erweist. Das tut es nämlich immer wieder. Nicht, weil ich ein Kind dem anderen vorziehe, sondern weil es gerade in der Situation besser passt oder weil es gerade um ein ganz anderes Kind geht.

In Wirklichkeit erzähle ich die Geschichte mit der Schokolade mir selbst immer wieder. Sie zeigt mir, wie unmöglich es ist, gerecht zu sein.

Ich erinnere mich an ein Gespräch mit einem Glaubensbruder. Es ging um die Frage, weshalb Gott die einen heilt, die anderen nicht, und warum er die einen mit mehr materiellen Gütern segnet als andere und so weiter.

„Weißt du", fasste ich irgendwann das Gesagte zusammen, „Gott gibt nicht allen dasselbe, aber allen das Gleiche."

„Wie meinst du das?"

„Ja, er teilt nicht jedem dieselbe Sache zu, was auch immer es sein mag. Aber er gibt allen das Gleiche: nämlich jedem genau das, was er braucht."

Gott ist gerecht. Und seltsamerweise ist er es gerade dadurch, dass er nicht allen dasselbe gibt. Während unsere menschliche Gerechtigkeit darauf abzielt, allen möglichst gleich große Stückchen Schokolade zuzusprechen, ist es doch in Wirklichkeit so, dass nicht jeder Mensch ein Stückchen Schokolade gleich gut gebrauchen kann. Und: Kein Mensch kann wirklich gerecht sein. Ich kann es nicht. Niemand kann es. Ich kann mich zwar bemühen, jedes Kind ernst zu nehmen und seine individuellen Bedürfnisse wahrzunehmen. Aber den Anspruch, gerecht zu sein, den kann ich nicht erfüllen und werde ich nie erfüllen können. Das Leben ist da ungerecht. Umso wichtiger ist es daher, dass ich meinen Kindern beizeiten beibringe, von wem sie vollkommen gerecht behandelt werden, wenn nicht von mir. In der Zwischenzeit versuche ich allerdings schon mal, diese Erkenntnis in meinem eigenen Leben umzusetzen: Gott ist gerecht, auch wenn ich es nicht so empfinde. Selbst dann, wenn ich auf andere schaue und vor Gott schnaube: „Das ist voll *ungefähr!*"

WEGGESCHIPPT

Eine Schippe Sand hierhin, eine Schippe Sand dorthin. Mein Kind und ich sitzen auf dem Spielplatz und verbringen die Zeit in fast andächtiger Ruhe damit, kleine Hügel anzuhäufen, wieder abzubauen, platt zu drücken und Zeichen darin einzukerben. Unser Spiel ist so ziellos wie friedlich und ich hänge ebenso ziellos und friedlich einigen Gedanken nach.

In einer anderen Ecke des Spielplatzes sitzen drei Frauen, die sich angeregt unterhalten. Als eines der Kinder mit Sand um sich schmeißt, rücken sie näher in meine Richtung, ohne ihr Gespräch zu unterbrechen, sodass ich ungefragt zur Mithörerin werde.

Irgendwann geht es um eine Frau aus dem Bekanntenkreis, ihren Namen verstehe ich nicht:

„Wie geht es ihr eigentlich? Hat sie sich entschieden?"

„Ja, hat sie."

„Und?"

„Sie hat es wegmachen lassen."

Vor ein paar Sekunden noch ließ ich die Sätze uninteressiert an mir vorbeiziehen, doch nun stockt mir das Blut in den Adern. Ich weiß sofort, was mit „es" gemeint ist.

„Aber das letzte Mal, als wir uns gesehen haben, war sie sich noch nicht sicher."

„Es wäre nicht gegangen. Ist schon besser so."

„Also dann hat sie sich entschieden", murmelt die erste Frau vor sich hin.

„Es ist schon weg", bekräftigt die andere, um einen Schlussstrich zu ziehen, als ob jeglicher Gedanke darüber zu viel wäre.

„Übrigens, habt ihr schon gehört ...?"

Ich schippe nochmals Sand nach rechts wie links und lasse die eben mitgelauschten Sätze sacken. Ich lasse mir äußerlich nichts anmerken, aber bin fassungslos, dass diese drei Frauen sich nun so mir nichts, dir nichts über Belanglosigkeiten unterhalten können. Schließlich hacke ich verärgert ein Loch in den Sand und schmeiße die Schippe kräftiger als geplant an den Sandkastenrand.

Wie muss es sein, so eine Entscheidung treffen zu müssen? Was waren die Gründe dafür? Und wie kann man sich so lieblos über ein so existenzielles Thema unterhalten? Plötzlich ist mir nicht mehr nach Spielen zumute.

Auf dem Weg nach Hause fällt mir das Lied ein, das so gerne an Geburtstagen gesungen wird: *„Wie schön, dass du geboren bist, wir hätten dich sonst sehr vermisst!"* Und ich frage mich, wer es wohl vermisst – das kleine Wesen, das in zwei Jahren vielleicht über diesen Spielplatz gestakst wäre und mir dann beim Sandschippen geholfen hätte.

GEWÖHNUNGSBEDÜRFTIGES

„Schau mal, Mama!" Aufgeregt lächelnd steht mein Knirps vor mir.

„Was denn?", erwidere ich, gerade in Büroarbeit vertieft und über die Unterbrechung nicht sonderlich begeistert.

„Guck mal, mein Kacka!"

Was war das? In der Hoffnung, mich verhört zu haben, kneife ich kurz die Augen zu. Doch schon zieht mich jemand leicht am Ärmel.

„Komm!"

Innerlich stöhnend folge ich meinem strahlenden Sohn zum (und ich bin unterwegs schon erleichtert, dass es weder der Wohnzimmerteppich noch die Badezimmerkacheln sind) Klo. Unweigerlich kommt mir ein bescheuerter Reim in den Sinn: „Auch der Kakadu macht Kacka, du!" Es gibt einfach Dinge im Leben einer Mutter, die kann man nur mit einer Portion (schlechtem) Humor ertragen.

In der Fäkalienphase eines älteren Kindes wollte mein Mann einmal der versammelten Mannschaft die Sinnlosigkeit dieser schmutzigen Sprache vor Augen führen und erzählte mit künstlich aufgebauschter Stimme: „Hey, ich weiß einen Witz! Treffen sich zwei Kinder im Kindergarten! Sagt das eine: „Kacka Stinki!"

Bei jedem normalen Witz müsste nun mit der sich anschließenden Antwort des zweiten Kindes so etwas wie eine Pointe auftauchen. Doch so weit kam es nicht, denn das erste unserer Kinder hatte längst losgeprustet: „Haha, Kacka Stinki!"

Das zweite Kind bog sich vor Lachen: „Haha, Kackastinki!" In Nullkommanichts lag die halbe Familie unterm Tisch vor Lachen – ungeschickterweise einschließlich mir und meinem Mann. Es wurde und blieb einer der beliebtesten Witze in unserer Familie. (Kein Wunder, dass kinderlose Erwachsene unseren Humor und das Elterndasein allgemein für völlig degeneriert halten.)

Unser Kind, das nun geradewegs Richtung WC-Schüssel stolziert, meint es heute hingegen ernst. Stolz zeigt es in die Schüssel: „Schau mal!"

„Ja, was denn?", frage ich etwas irritiert, denn es ist doch schon seit einem Jahr trocken! Trotzdem lasse ich mich darauf ein und schaue nun auch, etwas genervt, über den Klobrillenrand.

„Dieser Kacki sieht aus wie ein Schneemann! Siehst du das?"

„Hm, jaaa …", überlege ich und wiege den Kopf leicht hin und her. Wenn man sich mamamäßig anstrengt, kann man in dem schwimmenden Gebilde tatsächlich eine Form erkennen.

„Ja, mit viel Fantasie …", drücke ich meine nicht gerade überbordende Begeisterung etwas vorsichtig aus.

„Ja, gell?" Mein Kind neben mir freut sich immer noch wie

ein Schneekönig über den braunen Schneemann. „Ist das nicht lustig, dass mein Kacka so aussieht?"

Jaja, lustig. Auch der Kakadu macht Kacka, du ... Und schon ist er weg, der stolze Kackaskulpturenproduzent, er muss es schließlich noch seinen Geschwistern erzählen.

Als ich die Klospülung drücke und anschließend mit der Bürste die letzten Spuren der Schneemann-Geschichte beseitige, komme ich ins Nachdenken. Unsere Exkremente sehen nicht immer gleich aus. Wir denken an „braun und eklig", doch in Wirklichkeit sind sie mal fester, mal weicher, mal heller, mal dunkler, mal ... okay, ich erspare weitere Details.

Doch geht es uns nicht mit vielem so?

Wenn wir Schnee sehen, denken wir „weiß und kalt", doch jede Schneeflocke ist ein einzigartiges Kunstwerk. Und wenn wir Gras sehen, denken wir schnell an „grün und saftig", doch es gibt Tausende verschiedene Grassorten, deren Beschaffenheit ganz verschieden ist.

Der Einfallsreichtum hinter all diesen Dingen ist so überbordend, dass es mir schon beim Gedanken daran leicht schwindlig wird.

Wie viel Fantasie muss Gott doch haben, dass er sogar „Abfallprodukten" eine individuelle Form schenkt! Seine Schöpferkraft geht bis hin zu den Dingen, die wir unbeachtet zertrampeln, wegschieben oder einfach runterspülen.

Ich öffne das Fenster. Draußen regnet es.

Einfach nur Regen?

Nein, es ist ein feiner Sprühregen, ein kaum hörbares Nieseln.

17.
UND TÄGLICH GRÜSST DAS MURMELTIER

Als Mama gibt es in vielen Punkten eine Art Routine, die man an den Tag legt. Was aber, wenn man wieder mal etwas fast vergessen hätte, es aber doch kurzfristig noch rechtzeitig erledigen kann? Wie unterschiedlich so ein Morgen aussehen kann, entscheidet sich nicht selten an der Haltung, mit der man selbst in den Tag startet.

... gähn ... ! Aufstehen! Puh, muss das sein? Was ist heute überhaupt für ein Tag? Donnerstag, glaube ich.
Donnerstag?
Ist wirklich schon Donnerstag? Ist heute nicht Krabbelgruppe? Auweia.
Heute ist Krabbelgruppe und ich soll dafür noch einen Kuchen backen. Hm, was könnte ich denn überhaupt backen? Es muss schnell gehen und – Mist! Ich habe doch gestern gar keine Eier gekauft! Wie viele wohl noch im Kühlschrank sein mögen? Drei, glaube ich ... Hoffentlich reicht das!

Wie viele brauche ich eigentlich für den Apfelkuchen? Oder soll ich doch die Muffins machen; für die braucht es doch nur ein Ei. Aber ich habe gar nicht geschaut, ob noch genügend Schokolade da ist. Und die Streusel für da oben drüber, die sind aufgebraucht, das weiß ich sogar. Zeit zum Einkaufen habe ich keine mehr. Oder soll ich den Mandelkuchen ... *Ach, nee, darüber war doch der eine Junge das letzte Mal nicht so begeistert.* Er hat dann angefangen rumzumuffeln, weil er eigentlich Hunger hatte, aber der Kuchen ihm nicht geschmeckt hat. Seine Mutter ist da echt ein bisschen säuerlich geworden. Na und? Es gab doch noch Salzstangen. Jedenfalls soll mir so etwas nicht noch einmal passieren! Nicht, dass diese Mutter mir noch die Freundschaft kündigt!

Da fällt mir ein, die andere Mutter hat mich letzte Woche nicht angerufen, was sie mir doch versprochen hatte. Eigentlich wollten wir uns mal auf dem Spielplatz treffen. Ist leider nichts draus geworden. *Die sind doch wohl nicht etwa böse auf mich?* Wer weiß, ob die heute überhaupt auftauchen? Bleibe ich am Ende vielleicht allein mit meinem Kind? Wundern täte es mich nicht, vor Kurzem hatten wir ja noch leichte Meinungsverschiedenheiten wegen des richtigen Zeitpunkts des Zufütterns. Und da war noch dieser Zwischenfall, bei dem das eine Kind ... aber bitte, das ist doch kein Grund, oder? Oder doch?
Vielleicht bin ich einfach doch anders gestrickt (seufz!). Dabei ist die Krabbelgruppe fast noch der einzige soziale Kon-

takt, den ich pflege! Wenn ich daran denke, diese auch nicht mehr zu haben, dann, ja dann, vereinsame ich langsam! Alles nur wegen des Babys. Ich komme kaum mehr aus dem Haus. Sein Rhythmus bestimmt mein Leben. Und unterwegs zu stillen, das geht gar nicht. Gut, ich könnte vielleicht ... Aber nee, das wird auch nicht funktionieren. Ich muss zu Hause bleiben, wenn es dann endlich mal schläft. Alle anderen Babys schlafen im Kinderwagen, nur meins nicht. Das macht es echt anstrengend! Warum ist ausgerechnet mein Baby so kompliziert? Immer dieses Gequengele, das macht mich echt fertig! Ich weiß nicht, was ich falsch mache! Aber dieses Kind quengelt ständig! Ich hatte mich eigentlich so auf mein Baby gefreut, aber jetzt sitze ich nur noch alleine hier rum. Und alles richtet sich nur nach dem Baby. Baby hier, Baby da, Baby füttern, Baby muss schlafen, Baby hat Bauchschmerzen, Baby, Baby ... Was ist eigentlich los mit mir? Ich kann nicht mal mehr aufs Klo gehen, ohne ein schlechtes Gewissen zu haben! Das Leben macht so echt keinen Spaß mehr. Äh, wie kam ich jetzt eigentlich darauf?

... gähn ... ! Aufstehen! Puh, muss das sein? Was ist heute überhaupt für ein Tag? Donnerstag, glaube ich.
Donnerstag?
Ist wirklich schon Donnerstag? Ist heute nicht Krabbelgruppe? Auweia.
Heute ist Krabbelgruppe und ich soll dafür noch einen Ku-

chen backen. Das habe ich ja gestern voll verpeilt. Hm, was könnte ich denn überhaupt backen? Es muss schnell gehen und – Mist! Ich habe doch gestern gar keine Eier gekauft! Wie viele wohl noch im Kühlschrank sein mögen? Drei, glaube ich ... Hoffentlich reicht das für ...

Okay, okay, langsam. Ich muss dann halt mal schauen. Schauen, wie viele Eier nun wirklich noch da sind. Schauen, ob ich noch Schokolade habe. Und dann ein Rezept raussuchen. Puh, noch ganz schön viel zu tun so auf die Schnelle! Ich muss mich zusammenreißen.
Lieber Gott, hilfst du mir dabei? Mit dir ist alles ein bisschen einfacher.
Das letzte Mal ist mir auch so schwuppdiwupp ein tolles Rezept in die Hände gefallen – einfach so! Haha! Wenn du da nicht deine Hand im Spiel hattest! Tja, dem einen Jungen hat's nicht so wirklich geschmeckt, aber es gab ja auch Salzstangen. Muss reichen. Die anderen waren jedenfalls glücklich mit dem Kuchen und ich auch. Ich bin halt nicht die beste Bäckerin, aber nun weiß ich, das klappt doch.

Natürlich ist es seltsam, für so etwas zu beten, aber wenn es hilft. Ich meine, was ist, wenn ich davon erzähle? Nach dem Motto: *Ach, dieses Rezept hat Gott mir gezeigt.* – Halten mich dann nicht alle für durchgeknallt? Oder müsste ich es eigentlich gerade aus dem Grund erzählen? Ich meine, um dir, Gott, die Ehre zu geben und so weiter. Aber wenn ich ehrlich bin, Gott, dann muss ich eingestehen, ich schaffe das nicht. Darüber müssen wir uns ein anderes Mal noch mal unterhalten! Jetzt, steht diese Situation vor der Tür: Ich habe wenig Zeit und wenig Eier im Kühlschrank und noch einen Kuchen zu backen und ich muss darauf vertrauen, dass du mir die richtige Eingebung gibst. Muss vertrauen? Oder eher darf vertrauen? Wohl doch eher das Letztere. Überhaupt, was schiebe ich hier eigentlich für Luxusprobleme vor mir her? Kuchen backen. Pffft! Andere Menschen haben ganz andere Probleme! – Du weißt, an wen ich gerade denke. Gib ihr Kraft und deinen Frieden, Herr! Nicht so, wie die Welt ihn gibt, sondern deinen Frieden, der unseren Verstand übersteigt, so sagst du doch selber. Jetzt bin ich ziemlich abgeschweift! Ich habe immer noch kein richtiges Gebet zustande gebracht! Also: Himmlischer Vater, danke für diesen Tag, was auch kommen mag. Das reimt sich sogar! Amen. Und jetzt los!

> Johannes (5) liest, was auf dem Telefon steht: „M-E-N-Ü… Menü… Aber Mama, du willst doch gar nicht McDonalds anrufen, oder?"

RÄUBER

Ich bin mir mittlerweile sicher: Mit den Kindern sind auch Räuber in unser Haus eingezogen. Sie müssen einbeinige, verfressene, spielfreudige Gesellen sein, denn von den Socken verschwindet immer nur die eine Hälfte eines Paares, und auf ebenso sonderbare Art und Weise sind auch Puzzleteile, frisch gebackene Plätzchen und Radiergummis von dem mysteriösen Verschwinden betroffen.

Es gibt noch mehr Dinge, die mit Kindern plötzlich Mangelware werden, Zeit zum Beispiel. Denn pünktlich zu sein, scheint ähnlich unmöglich, wie einen Handschuh über einen Fäustling anzuziehen. Von *„Wir gehen jetzt!"* bis zum tatsächlichen Verlassen des Hauses vergeht schnell mal eine halbe Stunde, die man damit verbringt,

- festzustellen, dass das Baby noch ein Mützchen braucht, welches man nach längerem Suchen unter der Couch findet (immerhin, es ist noch da!) und erst einmal von Wollmäusen befreit werden muss,

- festzustellen, dass das Baby gerade ein größeres Geschäft gemacht hat, das noch beseitigt werden muss,
- festzustellen, dass das Geschwisterkind mittlerweile schon wieder am Spielen ist und es größerer Überredungskunst bedarf, es von seinen Bausteinen zu trennen
- und festzustellen, dass man während der letzten Autofahrt nicht an der Tankstelle vorbeigekommen ist (weil man natürlich keine Zeit dafür hatte).

Ich weiß, diese Räuber sind einfach da.
Wenn ich in den Zimmern unserer Kinder über LEGO-Steine stolpere, sehe ich: Sie rauben unsere schöne Ordnung. Wenn ich Essigsöckchen über fieberwarme Waden streife, weiß ich: Sie haben unseren tollkühnen bevorstehenden Ausflug geraubt. Und wenn ich Kugeln die Bahn runterrollen lasse, wenn ich in vor Begeisterung leuchtende Augen schaue, wenn ich über feine Härchen streichle, wenn ich albern durch den Flur tanze, dann weiß ich: Sie rauben mir sogar den Verstand.

> Johannes beginnt eben eine sehr ausführliche Erklärung. Ich, ungeduldig, unterbreche ihn mit den Worten: „Bitte fang jetzt nicht bei Adam und Eva an!"
> Er: „Wo dann? Bei David und Goliath?"

Tipps für vewaiste Socken

Waren bei Ihnen zu Hause die Sockenräuber? Einzelne Socken oder für Ihre Kinder zu klein gewordene Paare müssen nicht im Müll landen. Hier drei Ideen, wozu sich die übrig gebliebenen Socken verwenden lassen:

Türstopper

Eine mit kleinen Steinen, Kies oder Kastanien gefüllte Socke wird schnell ein praktischer Türstopper. Einfach einfüllen, mit einer dekorativen Schnur zubinden oder zunähen und schon hält der neue Stopper die Tür offen.

Schweißarmband

Wer sportbegeisterte Kids zu Hause hat, kann aus einzelnen Baumwollsocken hervorragend ein schmuckes Schweißarmband nähen. Dazu einfach den Fußteil abschneiden, die Schnittkante vernähen und den so entstandenen Sockenschlauch auf der Hälfte der Länge einschlagen. Fertig!

Adventskalender

Haben sich über einen längeren Zeitraum einzelne, partnerlose Socken oder zu klein geratene Socken angesammelt, lässt sich aus diesen ein individueller Adventskalender basteln. Einfach die 24 Socken nummerieren (mit einem Textilmarker oder Zetteln) und mit je einer Wäscheklammer auf eine Leine hängen und nach Belieben befüllen.

19.

FÖRDERUNG NACH MASS

Zwei Frauen stehen um einen kleinen Tisch in der Küche einer Freundin. Die eine hat eine Schüssel Teig und ein Waffeleisen vor sich, das sie mit schnellen Handgriffen bedient. Eine dritte Frau kommt herein.

Mama C: „Die sind erst mal beschäftigt." *(Sie lässt sich mit einem Seufzer der Erleichterung auf einen Hocker nieder.)*
Mama A: „Mal schauen, wie lange. Magst du auch einen Kaffee?"
Mama C: „Oh ja, gerne." *(Mama A sucht im Schrank nach einer Tasse. Mama C blickt zu Mama B.)* „Na, was machst du denn da?"
Mama B: „Waffeln."
C: „Oh, lecker."
A: *(Sie hält Mama C eine Tasse Kaffee hin.)* „Toll, dass es wieder mal geklappt hat!"
B: „Echt wahr! Nachdem der letzte Termin für unser Treffen schon ins Wasser gefallen ist."

C: „Hey, wir waren krank wie schon lange nicht mehr!" *(Sie schüttelt ungläubig den Kopf und schlürft den heißen Kaffee.)* „Ich mag gar nicht mehr dran denken, es war einfach nur schlimm."
A: „Und ich konnte nicht wegen meiner Tante, das habe ich euch ja schon erzählt ..."
B: „Also haben wir uns jetzt ..." *(Sie überlegt.)* „Äh, zwei Monate nicht gesehen."
A: „Zweieinhalb."
B: „Sicher?"
C: „Ja, stimmt! Etwas mehr als zwei Monate. Das letzte Mal haben wir uns ..."

Im Nebenzimmer wird es lauter.

A (laut): „Hey, jetzt streitet euch nicht! Jeder darf!"

Im Nebenzimmer wird es wieder leiser.

B krempelt ihre Ärmel hoch, weil sie wieder Teig in das Eisen schüttet, und fängt an zu schimpfen.
B: „Jetzt hängt das Zeug auch noch an meinem Pulli!"
A: „Teig?"
B: „Nein, diese blöde Nuss-Nougat-Creme."
C: „Wem sagst du das, das Zeug hält überall!"
A nickt zustimmend mit der Tasse an den Lippen.
B: „Ist aber auch scheiße so was."

A: „Sieht auch aus wie Scheiße!"

C: „Du bist eklig!"

A: „Ich bin Realistin, also mal ehrlich, alleine diese Farbe!"

C: „Themawechsel! Was ist jetzt mit Boris?"

B: „Ach, du meinst wegen der OP?"

C: „Ja, da haben wir doch das letzte Mal drüber diskutiert."

B: „Stimmt, das war kurz vor dem Termin bei diesem anderen Arzt, diesem Spezialisten." *(Sie schaut ins Eisen und klappt es wieder zu.)* „Aber der hat uns abgeraten."

A: „Also keine OP?"

B *(nickt)*: „Keine OP. Sag mal, sogar hier hängt die Pampe!" *(Sie reibt mit der Hand an ihrem Oberarm.)*

A *(lacht)*: „Bei unseren Kindern sieht es manchmal so aus, als würden sie einen ganzen Vorrat auf dem T-Shirt mit sich herumschleppen!"

C: „Na, ist doch praktisch! Plötzlicher Hunger in der Schule? – Kein Problem!"

A: „Genau, sie lecken einfach ihr Hemd ab."

C streckt ihre Zunge raus und imitiert Leckbewegungen.

B: „Aber doch nicht ich!"

C: „Hast du's schon ausprobiert?"

A: „Schmeckt doch lecker, oder?"

B: „Und macht die Zähne kaputt."

A: „Tja, von den Kalorien mal gar nicht zu sprechen." *(Sie rollt mit den Augen.)*

C: „Na, du hast es ja nötig!"

B: „Wisst ihr, was ich immer so cool finde? Wenn die Kinder

im Kindergarten brav Ernährungslehre erhalten mit dem Ausmalen von Äpfeln, Karotten und dem ganzen Krams – und dann mit Taschen voller Süßigkeiten nach Hause kommen."
C: „Wir hatten das Thema sogar bei einem Elternabend. Geben Sie Ihrem Kind nur gesunde Sachen mit. Gesund ist wichtig! Blabla! Wer's kapiert hat, kriegt zur Belohnung ein Tütchen Gummibärchen."
B: „Die anderen Eltern halten sich eh nicht dran. Guck dich mal am Frühstückstisch um: hier ein Hörnchen mit Schokofüllung, dort eine Milchschnitte ..."
A mit gespielter Entrüstung: „Ist das nicht gesund? Da ist doch Milch drin!"
B: „Haha, Scherzkeks!"
A: „Sind Scherzkekse eigentlich auch ungesund?"

Lachen.

A: „Hey, jetzt ist Ruhe da drüben."
B rubbelt über den braunen Fleck.
C: „Würde ich an deiner Stelle nicht machen! Wird so nur noch schlimmer."
B: „Ne, im Ernst, ich finde das echt daneben. Ich kriege von erfahrenen Pädagogen gesagt, was ich zu tun habe, und die machen es selber nicht. Kein Fernsehen! Aber was gibt's beim Kindergartenfest? Kino! Natürlich nur pädagogisch wertvolle Filme!"
A: „Und das Ganze zur Förderung der Medienkompetenz."

C: „Die Kinder kriegen doch schon für den kleinsten Furz eine Belohnung. Zehnmal die Musikstunde besucht = eine Belohnung. Zweimal einem jüngeren Kind geholfen = eine Belohnung. Lied für die Aufführung geübt = eine Belohnung."
A: „Genau. Und rein ernährungswissenschaftlich darf ich sie dann zu Hause nicht mehr belohnen, weil sie schon weit über dem Zuckerwert sind, jedenfalls für Kinder in dem Alter."
C: „Begründung: Wir dürfen das. Kitas dürfen das. Vereine dürfen das. Omas dürfen das. Alle dürfen das."
A: „Tja, so ist das. Nur wir Mamis dürfen nicht."
B: „Na doch, wir dürfen böse sein."
A: „Oh, nein, wir dürfen auch was. Wir dürfen fördern. Fördern bis zum Umfallen."
C: „Ich sag nur: Frühenglisch."
B: „Pekip, Musikgarten, Logopädie."
C: „Ikebana-Gruppe. Betriebswirtschaftslehre."
A und B gucken etwas verwirrt.
C: „Hab nur Quatsch gemacht!"
A *(stirnrunzelnd)*: „War das eigentlich nicht mal umgekehrt? Gefördert wird in der Schule und Süßes und Fernsehen gab's da hundertprozentig nicht."
B: „Tja, andere Zeiten, andere Sitten."
C: „Natürlich fördere ich mein Kind! Bügelperlen sind die absolut beste motorische Förderung!"
A: „Ich hasse diese Dinger."
B: „Wieso?"
A: „Meine Große hat letzte Woche ein Bild gesteckt, so ein

großes." *(Sie zeichnet mit ihren Händen einen Rahmen in die Luft.)* „Und dann kam ihr Bruder dazu und hat – bäms! – draufgepatscht."

B: „Scheiße."

A: „Was für ein Riesengeschrei! Er konnte es natürlich nicht wiedergutmachen. Er ist noch zu klein, um so ein Bild zu stecken. Also hab ich mich hingesetzt. Ich hätte eigentlich weggemusst, aber nein, hingesetzt und Perlchen für Perlchen neu gesteckt. *(Sie ahmt mit Zeigefinger und Daumen die Steckbewegung nach.)* Mensch, sind die klein! *(Sie schüttelt sich.)* Habt ihr das schon mal versucht? Und wenn dann nur eine Perle am falschen Ort steckt, dann raus damit und noch mal."

C: „Puh!"

A: „Meine Nerven lagen schon blank, bis ich das Bild wieder einigermaßen zusammenhatte. Dann hab ich's ins Zimmer getragen, wo die Wäsche steht. Tja, leichter Stolperer ..."

C: „Und alles auf dem Boden!"

A *(nickt)*: „Ich hätte heulen können!"

B: „Das glaub ich."

A: „Die Perlen wieder einzusammeln – die eine ist bis ins nächste Zimmer gerollt! Eine haben wir unter dem Schränkchen im Flur gefunden, eine andere in einem Schuh."

B macht das Waffeleisen aus.

„Oh Mann, was haben wir gesucht! Eine blieb aber verschwunden. Wir haben die halbe Wohnung auf den Kopf gestellt, aber sie war weg! Und das war ausgerechnet eine nachtleuchtende!"

C: „Echt, so etwas gibt's?"
A: „Natürlich! Aber halt nur wenige. Und die eine ‚obersuperwichtige' war weg. Also gab es schon wieder ein Riesengeschrei. *(Sie schaut betreten.)* Und ich hab mit geschrien. Das war mir einfach alles zu viel. *(Sie schüttelt traurig den Kopf.)* Dass einen diese futzeligen kleinen Dinger aber auch so aufregen können!"
B *(mitfühlend)*: „Oh Mann."
A: „Ich war so, so, stinkig, sauer, traurig ... Ich hab alle genommen und in den Müll geschmissen."
C: „Und wieder rausgeholt."
A: „Ja, als die Kinder im Bett waren. Ich war einfach völlig fertig. Kennt ihr diese Tage, da würde man die Kinder einfach nur vor die Kiste setzen wollen und Schluss."
C: „Natürlich vor einen pädagogisch wertvollen Film."
B *nimmt die Schüssel mit den Waffeln*: „Bin fertig, wir gehen mal rüber."
A *steht auf, holt ein paar Teller aus dem Schrank und sagt über die Schulter zu C*: „Nimmst du das Glas mit? Steht da hinten bei der Mikrowelle."
Mama C holt ein großes Glas mit Nutella und stellt es im Nebenraum auf den Tisch, an dem sich die Kinder versammelt haben und eifrig Bügelperlen stecken.
Mama A, Waffeln verteilend: „Übrigens, ich habe die Perle dann abends in meinem BH gefunden."

20.
BRIEF AN EINE FREUNDIN

Du hast mich um Rat gefragt, weil dich die Situation mit deinem Kind so bedrückt. Deine Erziehung scheint keine Wirkung zu zeigen, und deshalb bist du nicht einfach nur entmutigt, sondern stellst deine Fähigkeiten als Mutter und sogar dich selbst infrage. Leider konnte auch ich dir vor ein paar Tagen nicht wirklich weiterhelfen, weil ich selbst keine richtige Antwort auf dein Problem wusste. Im Nachhinein stellte ich fest, dass ich mich zu sehr auf eine Instantlösung nach dem Motto „So musst du es machen und alles wird gut" konzentriert hatte; doch die wird es sehr wahrscheinlich gar nicht geben. Bist du jetzt enttäuscht? Mir sind aber ein paar andere wichtige Sachen durch den Kopf gegangen, die dir während der Erziehung durchaus von Nutzen sein können

1. Dein Kind ist für dich gemacht

Gott selbst hat dein Kind geschaffen, das weißt du. Und es ist kein Zufall, dass dein Kind so ist, wie es ist. Gott hat es so gewollt. Du hast dir dein Kind nicht selbst ausgesucht, Gott hat es für dich ausgesucht. Wie groß ist also dein Vertrauen in Gott, dass er genau das Richtige getan hat?

Wenn wir als gläubige Eltern über diese Tatsache nachdenken, dass der souveräne, liebende Gott unser Kind geschaffen hat, beschränken wir uns oft darauf, Gott dafür zu danken, was uns an unserem Kind gefällt: dass es gesund ist, dass sein Lächeln uns den Verstand raubt oder dass es so viele Sachen schon gelernt hat. Auch du hast mir etliche Dinge genannt, die dir an deinem Kind gefallen. Und ich sage dir, das hilft dir, deinen Blick immer wieder auf das Positive zu lenken und die Beziehung zu deinem Kind zu pflegen und inmitten der Probleme nicht aufzugeben.

Doch ab und zu scheint Gott sich auch einen Spaß daraus zu machen, etwas verrücktere Familienkonstellationen zu erfinden. Er schenkt Bungee-Jumping-Eltern ein überängstliches Kind oder teilt den Eltern, die in einer Möbelausstellung zu wohnen scheinen, einen richtigen Rabauken zu. Was aber ist, wenn der Charakter des eigenen Kindes irgendwie überhaupt nicht mit dem der Eltern zusammenpasst? Wenn Konflikte dadurch geradezu vorprogrammiert sind? Wenn einen als Mutter oder Vater manchmal der Gedanke beschleicht, ob man das Kind nicht irgendwo gegen ein anderes umtauschen könnte? Selbst wenn der charakterliche Unterschied zwischen dir und deinem Kind vielleicht nicht so offensichtlich und so groß ist, könnte ich mir trotzdem gut vorstellen, dass du dir insgeheim auch schon mal ein anderes Kind gewünscht hast. (Stimmt's?)

Was Gott sich dabei wohl denkt? Ich behaupte, jede Menge!
Es ist kein Geheimnis, dass nicht nur wir Erwachsenen unsere

Kinder erziehen, sondern die Kinder auch uns. Oder besser gesagt: Gott erzieht uns durch unsere Kinder! Auch dieser Überlegung sollten wir Rechnung tragen! Will Gott vielleicht gar nicht unsere Kinder ändern, sondern uns?

Versteh das bitte nicht als falsch und als Schuldzuweisung nach dem Motto: Nur weil du Fehler hast, hat auch dein Kind Fehler. Oder als „Strafe Gottes", sondern vielmehr als Chance zu einem Richtungswechsel deines Blickes. Frag Gott, ob er dir durch dein Kind etwas Bestimmtes sagen oder zeigen möchte und wenn ja, was!

Ich kenne auch eine Familie, in der ein Vater mit Schrecken feststellte: *Mein Kind ist wie ich!* Sein Kind erinnerte ihn ständig an seine eigenen Schwächen und die Probleme, die sich in seiner Kindheit zugetragen hatten. Das tat ihm weh, doch es war gleichzeitig aber auch der Anlass, diese verschüttet geglaubten Wunden mit Gottes Hilfe zu heilen und mit sich und seiner Vergangenheit ins Reine zu kommen.

Als Christen sehnen wir uns danach, von Gott verändert zu werden. Wir übersehen aber manchmal, dass unser wichtigstes Training mitten im Leben vor uns liegt! Vielleicht erinnerst du dich, dass ich dir auch schon die Ohren vollgejammert habe, weil eines meiner Kinder mich so furchtbar genervt hat. Doch nicht irgendein Kind irgendein Mal; sondern es war immer das eine bestimmte Kind, das mich regelmäßig, manchmal täglich, mit seiner Art auf die Palme gebracht hat. „Warum bloß ist dieses Kind so, wie es ist?", dachte ich verzweifelt. Und ohne es auszusprechen, klagte ich Gott an: „Weshalb hast du dieses Kind so gemacht, wie es ist?" So musste ich mir ganz bewusst vor Augen führen: Es ist kein Zufall, dass dieses Kind so ist, wie es ist. Gott hat es so gewollt! Und zwar nicht, um mir das Leben schwer zu machen! Sondern um mir meine eigenen Schwächen aufzuzeigen, an denen ich noch arbeiten muss. Um Gottvertrauen zu lernen, dass er es auch in diesen ungemütlichen Situationen gut mit mir meint. Und um mich ins Gebet zu führen.

Mein Kind hat sich nicht grundlegend verändert, doch meine Einstellung zu ihm und seinem Mir-überhaupt-nicht-in-den-Kram-passenden-Verhalten.

Denk also daran: Du hast genau das Kind bekommen, das zu dir passt (ob dir das passt oder nicht). Sag deshalb ja zu deinem Kind und dem, was Gott dich durch dieses Geschöpf lehren will!

2. Du bist gemacht für dein Kind

Es ist kein Zufall, dass dein Kind ausgerechnet bei dir gelandet ist. Kein Kind kann sich seine Eltern selbst aussuchen! Doch du bist von Gott auserwählt worden, die Mutter deines Kindes zu sein!

Stockt dir nicht auch, wenn du darüber nachdenkst, manchmal eine Sekunde lang der Atem, weil du spürst, wie unendlich viel Gott dir da zutraut? Oder soll ich besser sagen zumutet? Denn dieser Satz hat es in sich: Einerseits spüren wir (jetzt wäre wohl der veraltete Ausdruck „voller freudiger Erregung") das Vertrauen, das Gott in uns setzt, mit dem er uns eine solch wichtige und schöne Aufgabe schenkt. Andererseits besitzt diese Aufgabe gerade angesichts ihrer Wichtigkeit und Größe das

Potenzial, uns komplett zu überfordern. Vielleicht ertappen wir uns selbst sogar dabei, wie wir uns manchmal fragen, ob es nicht gescheiter gewesen wäre, wenn Gott sich eine andere Mutter ausgesucht hätte? Eine bessere, eine fähigere? Eine, die nicht so viele Fehler macht? Doch irgendwann stellen wir fest, nachdem wir uns unzählige Male mit anderen verglichen haben, dass es auf der ganzen Welt keine einzige perfekte Mutter gibt! (Auch wenn es „bei anderen" immer wieder den Anschein erwecken mag. Nein! Es gibt sie nicht!) Gott hält Tag für Tag an dem Konzept fest, unvollkommene Frauen zu unvollkommenen Müttern zu machen. Und das muss doch einen guten Grund haben, oder?

Gott hätte in seiner Größe weiß ich was für Möglichkeiten gehabt, das Überleben der Spezies Mensch perfekt zu sichern! Dass wir Mütter, ähnlich den Dinosauriern, irgendwo im warmen Sand Eier verbuddeln und uns dann aus dem Staub machen dürfen. Oder vielleicht, dass uns irgendwann ein Ableger aus dem Bauchnabel wächst, den wir wie eine Pflanze in die Erde vergraben und ihm beim Wachsen zuschauen, bis er irgendwann selbstständig wird und selbst Ableger bildet. Da fällt mir ein, dass ich vor Kurzem in einer Zeitschrift gelesen habe, dass die Forschung an der Entwicklung einer künstlichen Gebärmutter arbeitet. *Man* sehe darin nicht nur den Vorteil, dass *frau* das ungeborene Kind dann nicht mehr ständig mit sich herumschleppen müsste, sondern auch darin, dass es beiden Elternteilen so möglich sein könnte, ihm bei seiner Entwicklung zuzuschauen. Man stelle sich das nur mal ansatzweise vor: In ein paar Jahren würden keine Lavalampen mehr in unserem Wohnzimmer stehen, sondern medizinische Apparate, in denen kleine Menschen herangezogen werden.

Vielleicht stellen wir uns das Ganze besser doch nicht vor, sondern halten daran fest, was in der Bibel über den Menschen und seinen Ursprung geschrieben steht: *„Und Gott sah alles, was er gemacht hatte, und siehe, es war sehr gut"* (1. Mose 1,31).

Also: Es ist gut, dass du die Mama deines Kindes bist! Er hat dich nicht ausgesucht, weil gerade keine andere Mutter da war. Er hat dich ganz bewusst auserwählt! Und ich bin überzeugt, dass du mit seiner Hilfe fähig sein wirst, dein Kind „richtig" zu erziehen – selbst wenn Probleme oder Fehler auftauchen.

Ich schreibe dir das alles, um dir zu sagen, dass das Problem, das du mit deinem Kind hast, vielleicht gar nicht im menschlichen Sinne gelöst werden kann oder gelöst werden soll, sondern dass es sich auch einfach um eine Lektion in Sachen Glaube und Vertrauen handelt. Und ich wünsche mir, dass du dich darüber freust, dass ihr – du und dein Kind – füreinander geschaffen seid!

Herzliche Grüße,
Karin

MEIN NICHT SO GRÜNER DAUMEN

„Wow!", sagt mein Mann bewundernd, als er die beiden Kräutertöpfe betrachtet, die auf unserer Terrasse stehen, „*Gothic Gardening!*" Mein im ersten Moment leicht irritierter Blick bleibt nun auch an den filigran verzweigten Ästen des Thymians hängen.

„Wie bitte?", frage ich.

„Kennst du das nicht? Das ist *Gothic Gardening* in Vollendung! Schatz, du hast so ein Wahnsinnsgespür für das Morbide. Vergänglichkeit in dieser Vollkommenheit darzustellen, wow!"

Ich nicke. Das Muster, das die vertrockneten Thymianzweige darstellen, ist wirklich faszinierend. In mir scheint ein wahres Talent zu schlummern, das mein Mann soeben entdeckt hat.

„Du musst deiner Kunst einfach nur den richtigen Namen geben!"

„Stimmt!", pflichte ich ihm bei. Andere Menschen würden in diesem dunkelbraunen Gebilde einfach nur eine kläglich vertrocknete Pflanze sehen. Aber bei näherem Hinsehen ist da wirklich etwas dran. Toller Gedanke!

Mittlerweile ist mein Gespür für die Pflanzenpflege zu einem Running Gag in unserer Familie geworden. Ich liebe Blumen und ihre Farben, ich liebe den Geruch feuchter Gartenerde, und ich liebe es, von Grün umgeben zu sein. Dumm nur, dass ich mit dem Grün einfach nicht umgehen kann. Ich habe wohl eher einen schwarzen als einen grünen Daumen. Bei mir geht jedes Grünzeug früher oder später ein und in den meisten Fällen passiert es eben früher. In meine Obhut gebracht zu werden, bedeutet für jedes unschuldige Pflänzchen den sicheren Tod. Mittlerweile habe ich das auch weitgehend eingesehen – mit der Konsequenz, dass in unserem Haus nur noch Plastikpalmen stehen und ich auf Kräutermischungen aus dem Gefrierfach umgestiegen bin.

Nach dem Bau unseres Hauses fühlte ich mich innerlich geradezu verpflichtet, einen kleinen Nutzgarten anzulegen. Im Frühjahr musste dieser bewirtschaftet werden. Meine Schwiegermutter hatte damals schon vorgesorgt und fast die Hälfte des Nutzgartens mit Erdbeersetzlingen bepflanzt, in das Beet der anderen Hälfte streute ich neben ein paar Kräutern und Blumen auch noch ein Briefchen Karotten aus und steckte etwa zehn Sonnenblumensamen in die Erde. Doch danach kümmerte ich mich nicht weiter um das Wohlergehen der Saat.

Was mich dann im Spätsommer erwartete, war überwältigend: Die Karotten standen so dicht, dass manchmal nicht einmal mehr Erde dazwischen war. Wo sie aber Platz hatten, entwickelten sich teilweise fünf Zentimeter dicke Prachtkerle; ein Gaumenschmaus waren sie noch dazu! Und aus den Sonnenblumensamen schossen sechs dicke Stängel in die Höhe, die schließlich knapp 80 Blüten trugen – eine Augenweide! Ich konnte nur staunen! Ehrfürchtig zog ich jede Karotte einzeln aus der Erde, und wenn ich dann zu den riesigen strahlenden Sonnenblumenblüten hochblinzelte, kam mir nur ein einziges Wort für diese Pracht in den Sinn: Segen.

Ich darf etwas ernten, was ich in keiner Weise verdient habe. Es ist einfach ein Geschenk Gottes. So verhält es sich auch mit dem Segen. Ich kriege ihn grundlos geschenkt! Einfach, weil Gott gerne gibt. Und es ist schön zu wissen, dass meine Unfähigkeit nicht das letzte Wort hat! Manchmal werde ich im Leben einfach überwältigt von Gottes segensreichem Eingreifen. Und für andere Fälle hat Gott mir einen Mann an die Seite gestellt, der augenzwinkernd neue „Fachbegriffe" erfindet.

Möge Gott in seiner Weisheit und in seiner unendlichen
Liebe immer auf dich herabschauen.
Möge er dir Glück schicken, Zufriedenheit und Frieden.
Möge der Segen, der auf dir ruht, immer mehr wachsen.

Irischer Segenswunsch

22.
STILLE ZEIT

Der Versuch einer Mutter eine „Stille Zeit" mit Gott zu halten.
Fast so etwas wie eine Tragödie in fünf oder endlos
vielen Teilen.

Stille Zeit
– Teil I –

Stille Zeit.
Zeit zum Innehalten, Auftanken, Meditieren.
Zeit mit Gott.
Zeit, die ich nicht habe.
Was ich habe: ein schlechtes Gewissen.

Woher Zeit nehmen?
Noch weniger schlafen, obwohl es sowieso schon zu wenig ist?

Wecker aus, Licht an, Bibel und Andachtsbuch zur Hand.
Abschnitt: Markus, Kapitel ...
Wo war ich? Matthäus, Markus oder Lukas? Markus?
Die Buchstaben verschwimmen,
Kopf auf Daunen, im Kopf Watte,
die Augenlider schwer, sie fallen zu,
das Buch fällt auf den Boden.
Versagt.

Wecker an, Licht an, Bibel und Andachtsbuch zur Hand.
Kissen drückt, Schultern schmerzen, dreh mich zur Seite ...
Schulter schmerzt immer noch.
Drehe die Seiten, Markus, Kapitel...
Wo war ich? Matthäus, Markus, Lukas?
Luca, Mara, Melvin, Emre – Zwischenfall im Kindergarten,

wilde Diskussionen, Spekulationen,
laute Worte,
laute Gedanken
drehen sich,
werden leiser.
Das Buch fällt zu Boden.
Versagt.

Bibel und Andachtsbuch
unangetastet
auf dem Nachttischchen.

Stille Zeit
– Teil II –

Stilles Örtchen,
eine halbe Minute wird zu fünf, sechs, sieben.
Ein Artikel pro Gang.
Schlechte Luft zum Atmen, frischer Wind für graue Zellen.
Ein Artikel zum Gebet:
Sie versuchten, ihn ins Haus hineinzutragen, um ihn vor Jesus niederzulegen.
Beten braucht ein Anliegen.
Beten braucht Glauben.

Sie ließen den Gelähmten samt seiner Bahre mitten in den Raum hinunter, genau vor Jesus.
Beten braucht nicht viele Worte.
Ich hätte da was, Herr,
wo ich keine Worte finde.
Aber das ich gerne an dich abgeben würde.
Du kannst.
Ich lege es dir hin.
Vor deine Füße.
Erleichterung.

Veränderung.

Ich gehe zum Briefkasten: ein Gebetsbrief.

Schlechtes Gewissen per Post.
Ich lese, ein Satz berührt.
Ich senke den Kopf.
Wenige Worte.
Nur: Du kannst.
Ich lege es dir hin.
Glaube.
Ein paar Sekunden. Ich stehe auf.
Und sogleich stand er auf vor ihren Augen und nahm das Bett, auf dem er gelegen hatte, und ging heim und pries Gott.
Erleichterung.
Schlechtes Gewissen vom Tisch, überflüssig.
Schlechtes Gewissen im Papiermüll.

Veränderung.

Begegnung mit Gott ohne feste Zeiten.
Begegnung mit Gott im Hier und Jetzt.
Begegnung mit Gott mit ausgerichteten Antennen.
Mittendrin statt nur dabei.

Stille Zeit
– Teil III –

Da brachten einige Männer einen Gelähmten auf einer Tragbahre.
Stille Zeit,
Zeit der Übereinstimmung,
Zeit der Gemeinschaft,
mit Gott,
mit Freunden,
wie still muss sie sein?

Sie waren nicht allein.
Wir bringen ihn zu Jesus.
Ein gemeinsames Ziel,
gemeinsames Anpacken.

Wer macht mit?

Noch bin ich allein.
Ich senke den Kopf.
Wenige Worte.
Ich bin allein,
wäre gern zu zwei'n. Aber mit wem? Du kannst.
Ich lege es vor dich hin.

Ein paar Tage später.
Eine Bekannte,

unglücklich.
Kannst du mir helfen?
Ich kann es nicht, aber
Er kann.

Ein paar Tage später.
Eine Bekannte,
zwei Tassen Kaffee.
Ein Anliegen,
gefaltete Hände.
Zeit der Gemeinschaft,
mit Mensch,
mit Gott.

Ein erhörtes Gebet.
Das erste.
Auch es blieb nicht allein.

Stille Zeit
– Teil IV –

Stille Zeit.
Stille Nacht.
Auf dem Gabentisch,
für mich von mir,
eine Bibel und Farben in Töpfen, Tuben, Stiften.

Andere haben es vorgemacht,
die Bibel wird zur Leinwand.
Die Buchstaben werden groß,
die Wörter werden verschnörkelt,
die Sätze werden angemalt,
die Gleichnisse werden zu Bildern,
die Gestalten bekommen Gestaltung,
die Geschichten bekommen Gesichter.
Die Bibel bekommt Farbe.
Es bekommt ihr gut.
Alles so schön bunt hier.

Das Wort
ist unveränderlich,
aber es darf Gewänder tragen,
sich präsentieren,
gefallen,
sich einprägen.

Die Buchstaben
verschwimmen nicht mehr,
sie schwimmen in Bildern.
Sie tauchen in Farben,
sie werden verankert
im Kopf, in den Händen, im Herzen.

Stille Zeit
– Teil V –

Stille Zeit.
Stille: schwierig.
Zeit: schwieriger.
Stille Zeit: am schwierigsten.

Wer auf den *Wind* achtet, der sät nicht, und wer auf die *Wolken*
sieht, der erntet nicht.
Ich brauche Ruhe –
da wird gestritten.
Ich ziehe mich zurück –
es klopft an der Türe.
Ich will mich sammeln –
da fällt mein Blick auf den Wäschekorb.
Ich suche einen Ort für mich –
ich stolpere über Spielsachen.

Ich will Stille Zeit machen,
doch Wind und Wolken machen mein Vorhaben unmöglich.
Scheinbar.

Ich will Stille Zeit machen,
den Heiligen Geist im Wind hören,
Gott in den Wolken sehen.

Stille Zeit
– Teil ... XY –

Es ist alles nur eine Phase:
Teil I, II, III, IV, V,
Teil VI, VII, C, M, XY.

Kleinkindphase ist keine Meditationsphase,
Kleinkindphase ist Phase:
Augen zu und durch.
Augen aufheben zu den Bergen.
Augen offen für das Unscheinbare.
Augen schließen, aber nicht zu lange.
Augenzwinkern.
– Halt! –
Augenzwinkern?
Jesus, sag mal ...
Hast du wirklich gerade ..?!

WACHSTUM

Als ich unseren Fruchttiger heute Morgen die Treppe hinunterstaksen sah, musste ich mir echt die Augen reiben: Seine Hose hatte Hochwasser!

Hatte er diese Hose so lange nicht mehr angehabt? – Doch das kann angesichts permanenter Hosenknappheit eigentlich nicht möglich sein. Oder hatte ich die zu kurzen Hosenbeine übersehen? Oder war er wirklich über Nacht größer geworden? Ich musste bei diesem Gedanken seufzen: Jeder Wachstumsschub bedeutet für mich, nicht nur den Kleiderschrank des betreffenden Kindes auszusortieren, sondern gleichzeitig auch diejenigen der – sofern vorhandenen – älteren Geschwister nach brauchbarem „Material" zu durchwühlen. Teilweise mit erbitterten Diskussionen darüber, dass ein zu klein gewordenes T-Shirt beim jüngeren Bruder die besseren Dienste leistet, als im eigenen Schrank wertvollen Platz wegzunehmen, selbst dann, wenn es die Oma von irgendeinem anderen Kontinent mitgebracht und einzig und allein dem jetzigen Besitzer mit viel Liebe geschenkt hatte.

Wenn mich jemand am Telefon fragt: „Und, was machen die Kinder?", dann pflege ich zu antworten: „Sie wachsen." Das tun sie wirklich, und zwar nicht zu knapp, wie mir gerade wieder bewusst geworden ist. Es gehört nun einmal ganz typisch zu Kindern dazu, dass sie stetig wachsen. Auch von Jesus heißt es in der Bibel, dass „er wuchs und erstarkte" (Lukas 2,40, ELB).

Warum aber passiert das immer wie „über Nacht" und nicht mitten am Tag?

Ich denke, dass dies nicht nur eine Redewendung ist, sondern dass es etwas zum Ausdruck bringt: Wachstum ist ein Prozess, der im Verborgenen abläuft. Wie (und wieso) es funktioniert, da tappen wir Menschen im Dunkeln. Zeitrafferaufnahmen oder daumenkinogleiches Blättern durchs Fotoalbum lassen zwar die Veränderung sichtbar werden, sind aber trotzdem weit davon entfernt, eine Erklärung für dieses Mysterium zu liefern.

„Ich habe gepflanzt, Apollos hat begossen, aber Gott hat das Wachstum geschenkt. Es ist nicht so wichtig, wer pflanzt und wer begießt; wichtig ist allein Gott, der für das Wachstum sorgt."

1. Korinther 3,6–7; HfA

Gott schenkt Wachstum. Er wirkt auf einer Ebene, zu der wir keinen Zugang haben. Ich kann wohl die Voraussetzungen schaffen, dass mein Kind körperlich und geistig wächst. Ich kann das „Pflänzchen" gießen, indem ich es gesund ernähre, es an meinem Leben teilhaben lasse, mit ihm spiele und lache, seine Fragen beantworte. Doch was sich letzten Endes einmal aus all dem entwickelt, liegt in Gottes Hand. An den Haaren ziehen hilft also dem Wachstum genauso wenig auf die Sprünge, wie wenn man das Gemüse an den Blättern neckt.

Wachstum ist nur schwer greifbar. Es lässt sich kaum beeinflussen oder gar aufhalten. Wachstum ist eine Kraft, die sogar Betonmauern sprengen kann. Es ist Gottes Wirken, das sich in der Umwelt manifestiert; manchmal in Form von Wurzeln, die sich durch Straßenbeläge und Zäune drücken, oder manchmal eben auch in zu kurz gewordenen Hosenbeinen.

„Was wächst, wächst still", heißt es in einem Sprichwort. Es ist ein schleichender Prozess; er verläuft langsam und heimlich und wird wenig beachtet. Und trotzdem ist er mein ständiger Begleiter.

Wachstum bedeutet Wandel. Mal sind es die Klamotten, die ich neu ein- und aussortieren muss, mal die Schulbücher, mal die Spielesammlung. Das ist einerseits anstrengend, weil ich mich ständig neu orientieren muss, weil es mich permanent zum Umgestalten zwingt, andererseits ist es aber auch hilfreich.

Wachstum ist möglich. Auch da, wo ich gerade nichts davon sehe. In Situationen, die mir aussichtslos und völlig verfahren scheinen.

Wenn ich mir also das nächste Mal Sorgen mache, weil nichts vorwärtsgeht, weil ich das Gefühl habe, in einer Sackgasse zu stecken, dann will ich mich daran erinnern, dass Gott möglicherweise schon lange am Wirken ist und dass er eines Tages (besser: eines Morgens) da ist, der Moment, in dem ich mir die Augen reibe und mir sage: „Es ist passiert, über Nacht ..."

„Achte einmal darauf, wie Gott an dir arbeitet. Dann merkst du, dass er dich entfaltet, wie er Bäume und Blumen entfaltet: eine lautlose Entwicklung von innen her, gesteuert von Gott dem Schöpfer."[3]

Oswald Chambers

Papa: „Ich sehe Ärger auf euch zukommen."
Jo (8): „Schnell wegrennen!"

24.

SPIELPLATZ-THRILLER

„Alfred Hitchcock", denke ich, als ich mich eilig vom Spielplatz entferne. Dabei waren weder angreifende Vögel noch gruselige Vorkommnisse schuld an meiner Flucht. Eigentlich habe ich gerade einen wunderschönen Nachmittag erlebt.

Die Kinder hatten sich hier sofort wohlgefühlt. Ein Kind an der Wasserpumpe, die anderen im Sand beim Buddeln. Kein elterliches Einschreiten war nötig, um sie zum Abwechseln ihrer Aufgabe zu motivieren. Alles harmonierte wie von selbst. Staudämme entstanden, Seen wurden größer und wieder kleiner, das Wasser suchte sich neue Wege, die Kinder schufen Ableitungen und neue Zuleitungen. Ich saß auf einer Bank, blinzelte in die Sonne und beobachtete die friedliche Zusammenarbeit meiner Kinder. Ich liebe die Momente, in denen einfach alles stimmt. Wenn die Kinder eine Einheit sind, was mir als Mutter das Gefühl bereitet, gerade mit dem gesamten Universum eins zu sein.

„Das braucht es also, um zufriedene Kinder zu haben", dachte ich. „Eine Wasserpumpe und Sand. Vielleicht noch ein paar Schippen, vielleicht noch ein paar Bretter ..." Ich habe in meiner

Zeit als Mutter schon etliche Spielplätze besucht und finde es immer wieder spannend, die Kinder beim Erkunden zu beobachten. Ich erinnere mich, als in unserem Ort in einem neuen Wohngebiet auch ein neuer Spielplatz entstanden war, dem wir natürlich kurz nach seiner Eröffnung einen Besuch abstatten mussten. Voller Begeisterung schwangen sich die Kinder auf die neuen Spielgeräte, die im abenteuerlichen Look gehalten waren.

„Mamaaaaa, wie funktioniert das?", hörte ich da ein Kind rufen. Es hatte auf einem Klettergerüst einen Halter entdeckt, der in einer Schiene bewegt werden konnte. Offenbar war er dafür gedacht, dass man sich, daran hängend, damit auf die andere Seite bewegen sollte. Doch der Halter klemmte. Wir versuchten ihn gemeinsam auf verschiedene Arten zu lösen, kamen aber nie weiter als einen Meter, sodass mein Kind irgendwann enttäuscht aufgab. Auch mein anderes Kind kam auf dem Gerüst nicht wirklich weiter. Die Klettersteine waren einfach für seine Größe noch zu weit auseinander. Und am aufgespannten Netz gab es eine Konstruktion, bei der wir auch nach längerem Herumprobieren nicht dahinterkamen, zu was sie nütze sein könnte. Etwas enttäuscht pausierte ich auf einer Bank, die noch nicht mit Kaugummi vollgeklebt war, und schwitzte schon nach kurzer Zeit. Kein Schatten weit und breit. Kein Baum auf dem ganzen Areal. Ich schaute mich um: Da standen auf einem gepflegten Rasen teure Spielgeräte, an denen noch die Etiketten mit der TÜV-Abnahme und den Herstellerangaben klebten. Doch nach einer halben Stunde standen wir so ratlos, gelangweilt und verschwitzt da, dass wir wieder den Heimweg antraten.

„Wer plant so was?", fragte ich mich. Ich bin sicher, dass es die Planer dieser Anlage gut gemeint hatten. Wahrscheinlich hatten sie Besuch eines besonders redegewandten Vertreters einer Ausstattungsfirma bekommen, der ihnen die neusten pädagogischen Tricks und Trends unter die Nase gerieben hatte, in etwa so:

„Kinder wollen ihren natürlichen Bewegungsdrang ausleben und sich auspowern. Hier ein beliebtes Modell in fröhlichen Farben, auf dem die Kids sowohl klettern als auch ihre Muskeln mit dem Hangelprinzip trainieren können. Schauen Sie mal, auf der einen Seite ist eine Scheibe angebracht, an der die jüngeren drehen können, sodass zusätzlich die motorischen Fähigkeiten aller Altersstufen angeregt werden. Eine klassische Schaukel gibt es nicht, dafür haben wir hier eine innovative Hängematte, ein Gegenpol zu den anderen Spielplätzen im Ort. Alle Elemente sind an den Ecken abgerundet, um die Verletzungsgefahr so niedrig wie möglich zu halten. Die qualitativ hochwertige Verarbeitung garantiert Ihnen Langlebigkeit und lange Wartungsintervalle."

Beeindruckend. Alles, was ein neuer Spielplatz braucht. Beeindruckend innovativ. Aber: beeindruckend unbrauchbar. Die Hängematte ist so steif (unzerstörbares Material), dass sich die Kinder nicht wohl darin fühlen; dass es an der Hangelbahn nicht vorwärtsgeht, ist für sie völlig demotivierend. Und ich mag gar nicht daran denken, wie viel dieses pädagogisch wertvolle Ungetüm gekostet hat.

Wer von den Planern hat wohl selbst Kinder? Oder anders gefragt: Wer sollte eigentlich Spielplätze planen?

Bei meinem heutigen Spielplatzbesuch würde ich gerne Alfred Hitchcock und einen seiner guten Gedanken wenigstens mit einbeziehen wollen. *„Die Länge eines Films sollte in einem direkten Verhältnis zum Fassungsvermögen der menschlichen Blase stehen",* soll er mal gesagt haben. Er hätte wohl bestimmt daran gedacht, hier ein Dixi-Klo aufzustellen, um zu vermeiden, dass ich mir einen wunderschönen Nachmittag damit verderbe, dass ich diesen eigentlich perfekten Spielplatz unter Druck verlassen muss, weil ich mal muss.

Emily (2,5) hat ein neues Langarmshirt bekommen, das sie sich anziehen will. Da es zu warmes Wetter ist, sage ich: „Nein, jetzt nicht. Es muss kühler dafür sein." Als ich mich wieder umdrehe, öffnet sie den Kühlschrank, hält das Shirt hinein und fragt: „Jetzt, ja?"

25.

FAMILIENPOLITIK

Mein Gegenüber ist jung, fröhlich, verheiratet und plaudert mit mir über Gott und die Welt und irgendwann landen wir beide beim Thema Kinder.

„Wenn du es dir aussuchen könntest", werfe ich in den Raum, „wie viele Kinder würdest du gerne haben?"

„Zwei", antwortet sie seelenruhig und erläutert ebenso direkt: „Denn zwei würden in mein Auto passen. Ich hätte irgendwie keine Lust, mir ein anderes Auto zu kaufen."

Seit Jahren feilen die Politiker an Maßnahmen, die Geburtenrate zu steigern und Familien zu fördern: Kitas und Krippen, Kindergeld, Elternzeit, Ehegattensplitting, Betreuungsgelder und anderes mehr werden bei den erdachten Programmen in den Ring geworfen. Das ist lobenswert, scheint unter dem Strich aber oft an der Realität vorbeizugehen. Ich jedenfalls habe noch niemanden gehört, der seine Familienplanung nach dem Kindergeld ausgerichtet hat. Wohl aber nach dem Auto.

Wäre es also eine Überlegung wert, „Familienkutschen" mit mehr als fünf Sitzen steuerlich zu begünstigen? Oder vielleicht integrierte Kindersitze gesetzlich vorzuschreiben, damit das elende *"Oh sorry, ich kann dein Kind jetzt gerade nicht mitnehmen, ich habe nicht genug Sitzschalen dabei!"* ein Ende hat?

Oder wie wäre es, Fruchtzwerge im Fünferpack zu verkaufen – für die „Vereinbarkeit von Familie und Verpackungsgröße"?

Und wie wäre es, wenn es wieder vermehrt Vermieter gäbe, die nicht „lieber Hunde als Kinder" in ihre Wohnungen lassen würden?

Der TV-Entertainer Harald Schmidt soll einmal in einem Interview gefragt worden sein, ob man das Problem der niedrigen Geburtenrate politisch lösen könne. Seine Antwort lautete: „Nein, nicht politisch, sondern sexuell."

Manche Leute plädieren daher für die Herausgabe von billigen Kondomen in großer Stückzahl, B-Ware, mit der Aufschrift: Familienpackung.

Ideen muss man haben.

Frage in einem Quiz für Kinder:
„Wie heißt die Mutter der Ferkel?"
Ich helfe den kleinen Ratern:
„Also die Ferkel, das sind die kleinen Schweine, die Kinder. Wie heißt dann die Mutter?"
Michi (5): „Karin?"

26.

WAS UNS BEWEGT

Meine Freundin, die mittlerweile etwas weiter weg wohnt, hat mir eine E-Mail geschrieben, in der sie mir von den Ereignissen der letzten drei Monate berichtet. Sie und ihr Mann scheinen nach längerem Suchen nun eine neue Gemeinde als Heimat gefunden zu haben. In der Familie hat sie damit zu kämpfen, dass ihre Kinder so oft streiten. Und sie beendet ihre Zeilen mit: *„Und was bewegt euch so?"*

Ich stutze einen Moment.

Bedient man sich normalerweise nicht des Satzes: „Und wie geht es euch so?" Dann hätte ich ihr aus unserem Leben zurückerzählt. Doch *was uns bewegt,* das geht tiefer. Wie es uns geht, das ist gut oder weniger gut oder schlecht, es bezieht sich größtenteils auf die Gesundheit, auf das Wohlbefinden, auf Erfolge, auf Glück. Doch das *was uns bewegt,* zielt auf eine andere Ebene ab. Hier geht es um Pläne, um Träume, um Hoffnungen, um Glauben. *„Und was bewegt euch so?"* lässt sich nicht mit einem *gut* oder *schlecht* beantworten. Es geht um konkretere Dinge.

Und als ich über diese nachdenke, fällt mir auf, dass es merkwürdigerweise ganz ähnliche Dinge sind, die mich bewegen: Ich habe das Gefühl, dass wir dem Idealbild der christlichen Familie ordentlich hinterherhinken. Streit ist ein Teil davon. Warum gelingt es mir nicht, dass wir eine harmonischere Familie abgeben? In der Gemeinde fühlen wir uns seit längerer Zeit nicht mehr gut aufgehoben – doch so langsam zeichnet sich eine Lösung ab.

Die Lösung sieht jedoch komplett anders aus als ihre.

Ich stutze wieder einen kleinen Moment.

Was sie mir erzählt, ist ermutigend!

Sie freuen sich über den Schritt und ich kann mich nur mitfreuen! Sie haben ihre Entscheidung mit Gott getroffen. Sie fühlen sich in Gottes Willen; Wege sind bestätigt geworden und bei uns war es ganz ähnlich! Doch die Antwort ist völlig anders ausgefallen! Hat jemand von uns nun recht oder unrecht? Wenn ja, wer?

Ich erkenne: Darum geht es gar nicht. Nur dass wir Christen im Allgemeinen uns damit sehr schwertun. Denn da wir sehr gerne mit der Bibel argumentieren und die Bibel immer recht hat, fühlen wir uns automatisch selbst im Recht. Dabei übersehen wir gerne, dass die Bibel ein *lebendiges* Buch ist. Sie ist kein Automat, den wir mit einer Frage füttern und im Ausgabeschlitz ein Ticket mit der Antwort erwarten können.

Jesus hat auf die gleichen Fragen immer wieder unterschiedliche Antworten. *„Was soll ich tun, damit ich ewiges Leben erbe?"* wird er zum Beispiel gefragt. Dem Reichen entgegnet er: *„Eins fehlt dir. Geh hin, verkaufe alles, was du hast, und gib den Erlös den Armen, und du wirst einen Schatz im Himmel haben, und* *komm, folge mir nach!"* (Markus 10,17) Zum Gesetzeslehrer hingegen sagt er: *„Was steht in dem Gesetz geschrieben? (...) Tu dies, und du wirst leben"* (Lukas 10,27).

In einem Kapitel – offenbar am gleichen Tag – entlässt Jesus diejenigen, die er gerade geheilt hat, mit unterschiedlichen Worten:

„Geh in dein Haus zu den Deinen und verkünde ihnen, wie viel der Herr an dir getan hat und wie er sich deiner erbarmt hat!" befiehlt er dem ehemals besessenen Gerasener (Markus 5,19). „Geh hin in Frieden und sei gesund von deiner Plage!" gibt er der blutflüssigen Frau mit auf den Weg (Markus 5,34). Den Eltern des auferstandenen Mädchens hingegen: „Er gebot ihnen dringend, dass niemand dies erfahren solle" (Markus 5,43). Hat nun jemand von ihnen recht, wenn sie alle tun, was Jesus ihnen ans Herz gelegt hat? Oder hat jemand von ihnen mehr recht als der andere?

Nein, denn darauf kommt es gar nicht an.

Wenn Jesus mir auf eine ganz andere Weise etwas ganz anderes sagt als meiner Freundin, dann ist nicht irgendwo ein Fehler passiert, dem ich nun misstrauisch auf die Schliche kommen muss. Sondern Jesus hat einfach zwei Individuen in zwei individuellen Fällen zwei individuelle Antworten gegeben. Obwohl es manchmal die ähnlichen – oder sogar gleichen – Dinge sind, die uns bewegen.

SCHMUGGELWARE IM EINKAUFSKORB

Mein Einkaufswagen ist schon beladen, bevor ich den Supermarkt betrete: Ein Kind sitzt drin, ein Kind hat sich auf die Getränkekistenablage gestellt und ein drittes hängt vornedran. So lässt sich der Wagen zwar nur relativ behäbig manövrieren, hat aber den Vorteil, dass ich meine Pappenheimer im Blick habe. Denn das hier ist ein neuer Markt; keine Ahnung also, welche Verstecke und Rennbahnen sich hier so anbieten und mir das Bändigen schwer machen. Wir erkunden also gemeinsam das neue Terrain, entdecken eine Käsesorte, die es in unserem Stammmarkt nicht gibt, und freuen uns über ein unbekanntes Müsli. Nur die Lampe, die mein jüngstes Kind in einem Wühltisch entdeckt hat und für die es gleich zehn verschiedene Anwendungsgebiete (neun davon im eigenen Zimmer) nennen kann, die brauchen wir dann doch nicht.

Als ich wenig später den noch volleren Einkaufswagen zur Kasse schiebe, bin ich stolz, dass ich diesen Einkauf so würdevoll und ohne kindliche Knatscherei hinter mich gebracht habe.

Schnell lege ich die Waren aufs Band, hinter uns stehen bereits zwei weitere Leute.

„Hopp, hopp!", sechs Kinderhände helfen eifrig mit, die Sachen aufs Band zu legen. Doch was war das? Zieht da nicht gerade eine Verpackung an mir vorbei Richtung Kasse mit einer Lampe darauf?

„Wie kommt diese Lampe?", frage ich. „Habe ich nicht ...?" Noch bevor ich einen weiteren Gedanken fassen kann, ist die Lampe über den Scanner gezogen und aus dem Wagen schauen mich schelmisch zwei Rehaugen an. „Zehn Euro", denke ich. Mein Puls erhöht sich. „Ich habe dir doch gesagt, dass ich ...", schnaufe ich wütend, während ich die letzten Sachen aufs Band lege. Weiter komme ich nicht, denn das Einpacken und Bezahlen ohne einen längeren Stau zu verursachen, nimmt mich völlig in Beschlag. Doch in mir brodelt es. So gut habe ich also meine Pappenheimer im Blick! Das geht doch nicht, einfach hinter meinem Rücken ungefragt Sachen in den Wagen legen! Wie hat mein Kind das überhaupt geschafft, ohne dass ich es bemerkt habe? Was mache ich jetzt mit dieser Lampe? Und warum ließ ich das Ding nicht einfach zurückgehen? Gibt das eine Strafe für das Kind, schließlich war es ungehorsam?

Mein Kind lässt meine Moralpredigt mit bedröppeltem Gesicht über sich ergehen, um sich nachher umso strahlender über seine Lampe zu freuen. Es hat gerade die wirkliche Bedeutung von Selbstbedienungsladen erlernt.

Heute hängt diese Lampe im Wohnzimmer und schaltet sich, da solarbetrieben, jeden Abend als Nachtlicht automatisch ein.

Interessanterweise bricht sich der Schein des kleinen Lämpchens im Lampenschirm genau so, dass sich ein Kreuz bildet. Sie erinnert mich so nun daran, dass Jesus eine Aufgabe aufgeladen bekommen hat, die ihn deutlich mehr als zehn Euro gekostet hat. Er hat sein Leben dafür gegeben, dass ich ihm jeden Tag neue Päckchen in den Einkaufskorb schmuggle: meine Sünden, meine „Ich-will-aber-unbedingt-und-plötzlich"-Päckchen. Und das Beste: Er hat dafür bezahlt, ohne zu motzen, schon vor 2 000 Jahren, am Kreuz von Golgatha.

> Johannes schaut sich in der Zeitung die Börsenseite an, stellt fest, dass der Franken gestiegen ist und kommentiert dies mit: „Mama! Die Schweiz ist hochgegangen!"

ZEHN GUTE GRÜNDE UND FÜNF GEGENMITTEL

Fünf gute Gründe, keine Erziehungsratschläge anzunehmen:

1. Ich bin nicht „die anderen"! Meine Gefühle, Begabungen und Fähigkeiten, meine Wahrnehmungen und Reaktionen darauf sind einzigartig, genau wie auch die Erwartungen, Anforderungen und Pflichten, die an mich gestellt werden.
2. Das Gleiche gilt auch für mein Kind. Mein Kind ist anders. Anders, als alle anderen Kinder auf der Welt (sogar anders als seine Geschwister).
3. Niemand kennt mein Kind besser als ich. Mit meinen Erfahrungen kann kein noch so gebildeter Experte mithalten.
4. Was bei anderen funktioniert, muss nicht zwangsweise auch bei mir funktionieren.
5. Niemand verlangt von einer Mutter, dass sie perfekt sein müsste (außer vielleicht sie selbst). Ich erlaube mir deshalb, Fehler zu machen und an ihnen zu reifen.

Fünf gute Gründe, keine Erziehungsratschläge zu erteilen:

1. Ich bin nicht „die anderen"! Meine Gefühle, Begabungen und Fähigkeiten, meine Wahrnehmungen und Reaktionen darauf sind einzigartig, genau wie auch die Erwartungen, Anforderungen und Pflichten, die an mich gestellt werden.
2. Das Gleiche gilt auch für deren Kinder: Sie sind anders als meine und alle anderen Kinder auf dieser Welt.
3. Ich kenne ihr Kind nicht besser als die andere Mutter.
4. Was bei mir funktioniert, muss nicht zwangsweise auch bei anderen funktionieren.
5. Niemand verlangt von einer Mutter, dass sie perfekt sein müsste (außer vielleicht sie selbst). Ich erlaube deshalb den anderen, Fehler zu machen und an ihnen zu reifen.

Fünf Gegenmittel für Erziehungsratschläge:

Gib anderen Müttern keine Ratschläge, sondern mach ihnen lieber Mut. Mutter kommt von Mut. Mut brauchen wir alle!

1. Mut, jeden Tag aufzustehen und unangenehme Arbeiten in Angriff zu nehmen.
2. Mut zum Dasein.
3. Mut zum Lieben entgegen logischer Gründe.
4. Mut zum Lachen, wenn man am liebsten heulen würde.
5. Mut zum Unperfektsein.

29.

BACKEN MACHT FREUDE

Meine Rührmaschine läuft auf Hochtouren. Zufrieden grinsend beobachte ich, wie aus dem Butter-Zucker-Eier-Gemisch eine glatte Creme wird. Ich habe extra den kinderfreien Vormittag für diesen Kuchen eingeplant. Endlich mal keine Kinder dabei, die unbedingt im wahrsten Sinne des Wortes „mitmischen" wollen. Sonst ist es ja so, dass sobald eines von ihnen „Ich!" schreit, gleich drei in der Küche stehen und jeweils einen Stuhl in die Ecke schieben, in der die Küchenmaschine steht. Ich hätte schon längst eins von ihnen in den Hacken gespürt. Es dauert, bis sie sich ihre Plätze erkämpft haben, dann gibt es keinen Platz mehr für Mama und natürlich geht dann das Gezanke erst richtig los: Wer darf was? Oder warum nicht? „Das letzte Mal hast du doch gesagt, dass dieses Mal ich darf! Ganz sicher!" Meine Nerven liegen meist schon blank, noch bevor das erste Ei auf den Boden gefallen ist und ich eine schleimige Spur von den Schränken wischen darf.

Ich erinnere mich dunkel an einen Spruch in der Bibel, nach dem ein einfaches Mahl in Ruhe besser sei als ein Festmahl mit

Streit (Sprüche 17,1). Wenn diese Einsicht sich sogar auf den Geschmack der Speisen übertragen würde, dürfte eigentlich keiner unserer Kuchen wirklich schmecken. So viel Zank, wie wir da zu viert in unsere Kuchen einbacken – bäh! Das ist weit entfernt von „Backen ist Liebe".

Heute aber ist das anders, ich darf heute selbst die Dinge mal wieder in die Hand nehmen. Ich ziehe ein Päckchen Vanillezucker aus der Schublade. Auch das wäre unmöglich, wenn drei Kinder davorstehen. Das Mehl landet vollständig in der Rührschüssel. Zufrieden sehe ich der Maschine bei der Arbeit zu. Es sind nur noch wenige Handgriffe und der Teig landet im Ofen. Ein herrlicher Duft zieht durch unser Haus, ich bin zufrieden mit diesem Vormittag.

Meine Geschmackstheorie jedoch kann er nicht gerade bekräftigen. „Viele Köche verderben den Brei", heißt es. Anders gesagt: Viele Bäcker verderben den Kuchen. Demzufolge müsste doch eine friedliche Bäckerin alleine einen super Kuchen hinkriegen. Wieso aber schmeckt dieser Kuchen nicht so überragend besser als die anderen?

Ein paar Tage später lächelt mir die Erzieherin im Kindergarten entgegen. „Pst, ich erzähle es Ihnen nur leise, denn es ist eigentlich ein Geheimnis! Wir haben was gebacken für den Muttertag. Aber pst! Ihr Kind, einfach toll, wie das die Eier aufschlagen kann! Heutzutage, Sie wissen ja, ist das alles andere als selbstverständlich! Super, echt!" Sie blinzelt mir zu. Und plötzlich wird mir bewusst, dass in unseren Viele-Bäcker-Kuchen doch eine Menge Liebe steckt: die „Ich-bring-dir-etwas-bei"-Liebe, die meinen Kindern etwas zutraut, und die „Wir-haben-zusammen-etwas-geschafft"-Liebe, die uns näher zueinanderbringt.

Den nächsten Kuchen werde ich also doch nicht mehr alleine backen, sondern mit meinen Kindern. Mit Liebe – und ganz vielen Nerven.

Biblische Muffins
Diese unkomplizierten Muffins werden bei uns in der Familie „biblische Muffins" genannt. Nicht weil das Rezept in der Bibel stehen würde, sondern weil der Teig so ergiebig ist, dass es manchmal scheint, als würde er trotz eifrig gefüllter Förmchen gar nicht weniger werden; eben fast so wie in den wunderbar wundersamen Speisungsgeschichten in der Bibel, wo Gott das Essen vermehrt.

(Bitte umblättern)

Bei folgendem Rezept können Kinderhände super mithelfen:

4 Eier	mit
2 Tassen Zucker	mit
1 Pck. Vanillezucker	verrühren.
4 Tassen Mehl	mit
1 Pck. Backpulver	mischen.
1 Tasse Sonnenblumenöl	und
1 Tasse Limonade	

(Geschmack nach Belieben) zusammen mit dem Mehl unter die Eimasse mischen und zu einen cremig-fließenden Teig verrühren.

Zwei Muffinbleche mit Förmchen auskleiden und diese dann halbhoch mit dem Teig füllen (2 EL Teig pro Förmchen sind genug!).

Im auf 180°C vorgeheizten Ofen ca. 15 bis 20 Minuten backen, bis die Muffins hellbraun sind. Aus der Form nehmen und auskühlen lassen.

Mit Zuckerguss (fertig oder aus 100g Puderzucker und 3 EL Limonade selbst hergestellt) bestreichen und nach Belieben mit Gummibärchen, Schokolinsen, bunten Streuseln, Zuckerperlen verzieren.

Wer will, kann mit Lebensmittelfarbe experimentieren und diese in den Teig und/oder in den Zuckerguss mischen.

30.
EINE WOCHE – ODER DER GANZ NORMALE WAHNSINN

Montag

Sie nervt.

Sie nervt mich schon den ganzen Tag.

Egal, was ich tue, es scheint nicht gut genug zu sein.

Sie nervt einfach: die „tüchtige Frau" aus den Sprüchen Salomos (31,10–31). Sie kam in der Bibellese von heute Morgen vor. Sie ist ein wahres All-in-one-Wonder, dem alles gelingt. Superwoman.

„Sie erweist ihm [ihrem Ehemann] Gutes und nichts Böses alle Tage ihres Lebens."

Autsch!

Schon da kann ich – leider – nicht mithalten. Aber das ist erst der Anfang einer langen Liste an Superkräften, welche die tüchtige Frau aufweist. Sie ist erfolgreiche Geschäftsfrau, weltbeste Ehefrau und Mutter, geschickte Handarbeiterin, gerechte Chefin. Bei ihr gibt es keine verwechselten Lieferscheine, keine muffelnden Socken in der Schlafzimmerecke, keine „Unfair!" schreienden Kinder, keine übergekochte Milch. Nein, nicht bei ihr. Sie hat alles im Griff.

Wahnsinn!

Ich persönlich kenne keine einzige Frau, die das alles so wunderbar wuppt wie sie. Und ich selbst hinke diesem Ideal natürlich auch ordentlich hinterher. Sie, die tüchtige Frau, scheint irgendwie kaum zu schlafen vor lauter Tüchtigkeit – während ich bereits beim Abendessen vor Müdigkeit fast vom Hocker falle. Eigentlich bin ich sogar jetzt schon wieder müde, wenn ich an all die Sachen denke, die auf meiner To-do-Liste stehen und wohl auch heute wieder nicht abgearbeitet werden. „Staubschicht hinter dem Schrank entfernen" und „Mottenschutz auswechseln" zum Beispiel. „Vorhänge waschen" steht schon auf dieser Liste, seit ich die Zahnpastaflecken daran entdeckt habe. Es ist irgendwie beruhigend zu wissen, dass meine Vorhänge keine Karies kriegen! Doch beunruhigend ist, dass dieser Punkt an meiner Liste klebt wie Kaugummi an ... Ach! War da nicht auch noch was mit ... – *Telefongebimmel unterbricht meine Gedanken*. Nicht einmal mehr mich nerven kann ich, ohne unterbrochen zu werden.

Jakob (4,5) starrt auf eine internationale Website, auf der die zu wählende Sprache mit Landesflaggen gekennzeichnet ist. Fachmännisch sagt er: „Gell, Mama, wir sprechen schwarz-rot-gold?"

Dienstag

5 Kinder geweckt.
6 Brote geschmiert.
2 Karotten, 1 Apfel, 32 Grissinistangen in Brotdosen gepackt.
1 Einkaufsliste geschrieben.
1 Mütze und 2 Schuhe gesucht.
1 Mütze und 1 Schuh gefunden.
7-mal „Beeil dich!" gesagt.
1 Verabredung organisiert.
3 Wasserflaschen aufgefüllt.
2 Turnbeutel gepackt.
1 Entschuldigung geschrieben.
4 Gebisse geschrubbt.
1 Waschmaschine beladen.
9 Ratschläge verteilt.
4 Wangen und 2 Lippen geküsst.
2-mal Türe zugemacht und „Uff, gerade noch rechtzeitig!" gesagt.

– und jetzt Frühstück.

Mittwoch

Ein Tag wie jeder andere. Begonnen hat er mit einem Wutausbruch von Aaron aufgrund einer etwas zu schräg angezogenen Socke und einem Alarm von Johannes, weil ihm fünfzehn Minuten vor Schulbeginn einfällt, dass er die geforderten zwei WC-Rollen und das lange Stück Schnur für den Werkunterricht noch nicht eingepackt, geschweige denn vorrätig hat. Doch der chaotische Morgen (die Zeitung berichtet wieder mal von steigenden Heizölpreisen und eigentlich müsste dringend das Bad geputzt werden) wird von einem noch chaotischeren Mittag getoppt.

Emily – nach dem Kindergarten schon sichtlich müde – ist gar nichts mehr recht.
„Die Schuhe drücken, ich will sie nicht anziehen", jammert sie.
„Die anderen sind aber noch nass, du musst sie anziehen", entgegne ich.
„Kannst du mir bitte die Jacke zumachen? Ach, nein, ich will es doch selber machen."

In der gleichen Zeit hüpft Michael von einem Bein aufs andere und will unbedingt als Erster bei den Fahrrädern sein; das geht aber nur, wenn jemand zuguckt und ihn bewundert und die einzige dazu fähige Person, nämlich ich, ist gerade damit beschäftigt, den zweiten Schuh, den Emily sich in Sekundenschnelle und mit „Ich will den nicht!"-Gebrüll ausgezogen hat, unter der Garderobe hinter ein paar Turnbeuteln hervorzukramen. Michael muss seine überschüssige Kraft deswegen an Aaron loswerden und zieht diesem kurzerhand seinen Kindergartenrucksack über den Kopf, was dieser ebenfalls mit lautem Protest quittiert. Bis Michael endlich auf seinem Fahrrad sitzt und beweisen kann, dass es das schnellste, beste und sowieso schönste ist, mussten etliche Nerven ihr Leben lassen.

In der Zwischenzeit meines Abstechers in den Kindergarten haben weitere drei Kunden aufs Band gesprochen, die unbedingt zurückgerufen werden möchten, und drei Kinder heulen, dass sie Hunger haben, weswegen ich versuche, ein paar Pfannkuchen zu braten und gleichzeitig zu telefonieren (was natürlich in die Hose bzw. in die Tonne geht).

Nach dem missglückten Mittagessen muss ich Jakob zu einem neuen Freund bringen, dafür sorgen, dass Johannes seine Hausaufgaben heute ordentlich macht, weitere drei Heizölbestellungen aufnehmen, die plötzlich mit ihrem Laufrad verschwundene Emily suchen und feststellen, dass Johannes seine Hausaufgaben doch nicht ordentlich gemacht hat, obwohl er schon seit anderthalb Stunden am Schreibtisch verharrt. Nachdem ich Jakob wieder abgeholt und mir einen Ohne-Punkt-und-Komma-Monolog über die Vorteile der Playstation 3 gegenüber der Wii angehört habe, bleibt mir noch eine gute halbe Stunde, das Abendessen auf den Tisch zu zaubern. Dann kommt mein Mann geschafft von der Arbeit heim. Er ist schon seit fünf Uhr morgens mit dem Lkw unterwegs gewesen.

„Was ist eigentlich mit dem Brief für die Versicherung", fragt er zwischen zwei Bissen. „Hast du den abgegeben?"

„Oh nee!", entfährt es mir. Ich wusste, da war doch noch was. Ich zeige ihm mein grinsendes Pferdegebiss und schüttle den Kopf.

„Schaaaatz", tönt er genervt, „das ist echt wichtig! Kannst du nicht?"

„Ich hatte keine Zeit", drucks ich zerknittert rum.

„Keine Zeit? Das ist ein Ding von fünf Minuten! Was hast du heute denn gemacht?", fragt er mich. In meinem Hirnkasten rotiert ein Haufen bruchstückartige Bilder des heutigen Tages herum. Aber greifen lässt sich die Antwort nicht.

„Weiß nicht", gebe ich kleinlaut zu.

Bedrückt gehe ich hoch ins Badezimmer. Was habe ich heute eigentlich den ganzen Tag über gemacht?

Emily steht da. „Mama, wo ist die Hose mit dem Hasen drauf?", fragt sie. „Im Schrank liegt sie nicht."

Ich gehe hinunter zur Waschmaschine. Ich finde sie in einem der Wäschekörbe – dreckig. „Sorry, die muss noch gewaschen werden!"

„Ich habe aber keine andere!"

„Nimm doch die grüne", antworte ich.

„Nein, die kneift!"

„Und wo ist die Jeans mit den Flicken?"

Wir finden sie unter dem Bett. In diesem Moment wird mir eines klar:

FRAUEN erkennt man daran,
dass sie den Kleiderschrank voll haben
und doch nicht wissen,
was sie anziehen sollen.

MÜTTER wiederum erkennt man daran,
dass sie den lieben langen Tag hin und her rennen
und abends nicht wissen, was sie getan haben.

Donnerstag

5 Kinder geweckt.
5 Brote geschmiert.
Ein völlig von Kakao durchnässtes Brot in den Kompost geworfen.
Kakao vom Boden aufgewischt.
2 streitende Kinder getrennt.
17-mal (nur geschätzt) „Beeil dich!" gesagt.
3 Brotdosen gepackt.
2 Wasserflaschen aufgefüllt.
1 Wasserflasche nicht gefunden.
11 Wörter gesagt, die ich nicht sagen dürfte.
3-mal laut geworden.
4 Gebisse geschrubbt.
1 Wange und 2 Lippen geküsst

– und gerade festgestellt, dass das Brot alle ist und die Kaffeemaschine eine Störung hat.

Freitag

Flickwäsche. Auch das so ein Punkt auf der To-do-Liste. Dabei bin ich in puncto Handarbeit ähnlich begabt wie beim Gärtnern, nämlich gar nicht. Deshalb bringe ich kaputte Kleidung mittlerweile in professionelle Hände – oder direkt in die Kleidersammlung. Aber einen Knopf annähen, das geht noch. Auch wenn das Resultat – na ja ... Ich lege die Hose beiseite und greife nach dem T-Shirt, an dem sich eine Naht löst.

Wenn ich denke, wie toll andere das hinkriegen! Selbst genähte Kinderkleidung – ach, wie hübsch! Die tüchtige Frau, die Superwoman, die hat sogar den Stoff selbst gemacht. Und was noch alles? Plötzlich treibt mich die Neugier und ich greife nach der Bibel. Die kann ich aufgeschlagen auf den Knien balancieren, während meine Finger den Saum abtasten. Dass ich während des Arbeitens lese, ist ja nichts Neues. Beweise, dass dies meine Produktivität einschränken könnte, gibt es schließlich keine. Da steht's: Sprüche 31,19 und folgende: Karmesinstoffe, Decken, Byssus (was das wohl sein mag?), roter Purpur – scheinbar alles selbst gemacht. „Kostbare Hemden macht sie und verkauft sie und Gürtel liefert sie dem Kaufmann." Boah! Es ist wirklich beeindruckend. „Kraft und Hoheit sind ihr Gewand und unbekümmert lacht sie dem nächsten Tag zu." Boah! Nicht auszuhalten.

Ich schlage die Bibel wieder zu.

Es ist einfach zu viel des Guten. Schon spüre ich wieder das angenervte Kribbeln in meinem Nacken. Ich schaue auf meine paar wackligen ersten Stiche. Was Superwoman wohl dazu sagen würde? Bestimmt würde sie mich auslachen – „... unbekümmert lacht sie ...". Moment. Da war doch was. Ich schlage die Bibel wieder auf. „ ... unbekümmert lacht sie dem nächsten Tag zu." Eigentlich gar keine schlechte Einstellung. Weiter: „Ihren Mund öffnet sie mit Weisheit, und freundliche Weisung ist auf ihrer Zunge ..." Also würde sie mich vielleicht doch nicht auslachen? Eine gewisse Hoffnung keimt in mir.

Ist diese Frau vielleicht gar nicht so übel, wie mir schien?

Ich lese gleich das ganze Kapitel nochmals durch. Ich konzentriere mich nicht auf ihr beneidenswertes Geschick, sondern auf ihren Charakter. Plötzlich sehe ich eine selbstbewusste, starke Frau vor mir. Sie fällt eigenständig Entscheidungen, denkt aber gleichzeitig auch an andere. Sie ist weise, freundlich und fröhlich. Okay, sie nervt immer noch ein bisschen, ehrlich gesagt. Aber sie ist nicht einfach nur eine leistungsstarke Arbeitsmaschine, sondern scheint ihren Aufgaben mit Hingabe, Gottesfurcht und – ja! – Freude nachzukommen.

Kann man das wirklich?

Gedankenverloren schließe ich die Bibel. Ich nehme Nadel und Faden wieder auf. Ich seufze. Und dann stimme ich ein Liedchen an.

Samstag

„An der Spitze eines Unternehmens steht ein Unternehmer, jedenfalls sollte man das meinen. Leider sind es heute vor allem Manager, die das Sagen haben. Leider oft deshalb, weil der Unterschied zwischen einem Unternehmer und einem Manager darin liegt, dass der Unternehmer etwas unternimmt. Er handelt mit einer Vision, das Unternehmen zu entwickeln, während der Manager leitet, führt, bewältigt oder verwaltet. Der Unternehmer ist also kreativ, geht auf die Welt zu und versucht in und mit ihr etwas zu ändern. Der Manager hingegen bleibt in seinem Kabäuschen und verwaltet Bestehendes wie Vergangenes. Er ist der Kurator des Museums „Firma". Deshalb stört es mich, wenn heute Mütter „Familienmanagerinnen" genannt werden. Das ist keine Auszeichnung. Ich denke, eine engagierte Mutter ist eine Unternehmerin. Sie stellt ihre „Firma" mit der Geburt eines Kindes vollständig um und entwickelt sie stets weiter mit der Vision, das Bestmögliche für das Kind zu erreichen. Hier sind Kreativität, Interaktion mit der Gesellschaft und viel Nervenstärke gefragt. Das hat mit dem bloßen Verwalten des Haushalts nur wenig zu tun. Und wenn es Mütter dann noch schaffen, ihre persönliche Karriere nicht ganz zu vernachlässigen, [...] dann sollten sich die meist männlichen One-Job-Manager respektvoll verneigen." Christian Degen[4]

Sonntag

Sonntag, 12:15 Uhr: Sie steht in der Küche, ein Kind liegt mit Fieber auf der Couch, ein anderes liegt in der Wippe in der Küche. Er kommt mit einem weiteren Kind vom Gottesdienst nach Hause.

Er: „Puh, da sind wir wieder! Alles gut?"

Sie: „Ja, der Patient ist vor einer halben Stunde eingeschlafen. Es ging ihm heute Morgen richtig schlecht, habe ihm zweimal Wadenwickel gemacht, jetzt sollte es besser werden, das Fieber sinkt."

Er zieht dem Knirps die Jacke aus. Dann rennt dieser weg.

Er: „Und ich hab einen Bärenhunger."

Sie: „Du siehst doch, dass ich am Kochen bin!" (Sie stellt demonstrativ einen kleinen Topf mit Wasser auf den Herd, auf dem schon ein weiterer leicht dampfender Topf steht.)

Er: „Was denkst du, wie lange das noch dauert?" (Er setzt sich neben die Wippe und stupst das Baby leicht an der Nase.)

Sie (mit genervtem Unterton): „ne Viertelstunde vielleicht." (Dann, neugierig): „Und, wie war's bei dir?"

Er (leicht brummelig): „Naja, was soll ich sagen? – Wie immer halt. Unser Knirps wollte lieber auf dem Boden sitzen und hat sich irgendwann prompt den Kopf an einem Stuhl gestoßen. Er hat so laut gebrüllt, dass ich kurz mit ihm rausmusste."

Sie (erschrocken): „Oh, ist aber alles gut?"

Er: „Keine bleibenden Schäden, würde ich behaupten. Nur dem Gottesdienstablauf hat es ein bisschen geschadet."

Sie lacht kurz: „Oh, die Armen! Wer hat denn gepredigt?"

Er: „Der Martin. Über Maria und Marta."

Sie: „Uuh uäääh." (Sie reißt dabei energisch einen Beutel Fertigsoße auf.)

Er: „Was heißt hier: ,Uäh'?"

Sie: „Weil ich es irgendwie nicht mehr hören kann." (Schüttet den Beutelinhalt in das kochende Wasser.) „Immer dieses ,Maria hat das bessere Teil erwählt'! Immer wieder dasselbe. Also warum sitzen wir nicht alle im Kloster und machen ,Ommmmm'?" (Sie greift einen Schneebesen aus der Schublade.)

Er: „Ommmmm oder rührn? (Lacht.) Du meinst: Maria macht ,Ommmmm' und Marta rührt?"

Sie: „Genau." (Sie schlägt mit dem Schneebesen heftig im Topf herum.) „Maria ist ja bekanntlich die Tolle und Marta die Blöde. Die Gestresste. Die, die die Prioritäten nicht richtig setzt."

Er: „Und was ist so schlimm daran?"

Sie: „Dass das an der Realität vorbeigeht." (Sie setzt den Schneebesen ab, reguliert die Temperatur und wendet sich der Salatschleuder zu.) „Die Arbeit erledigt sich nicht von selbst." (Sie kurbelt schwungvoll an der Salatschleuder.) „Irgendjemand muss sie tun, Punkt und aus. Und das ist nicht blöd."

Man hört ein leises Wimmern von der Couch.

Er: „Natürlich muss man arbeiten. Aber Stille Zeit ist eben auch wichtig. Wir sollen auf Jesus hören, und das geht nun mal nicht, wenn du ihm gar nicht zuhörst!"

Sie (auf dem Weg zur Couch): „Wozu heißt es dann: ,Meine Schafe hören meine Stimme'? Da heißt es nicht, ,Nur die Schafe, die gerade vor mir im Gras sitzen und mich anstarren, hören mich', sondern alle, die ihm gehören. Oder?"

Sie beugt sich herunter und flötet leise: „Na, was ist denn, mein kleiner Schatz?" (Das Kind dreht sich um und zieht sich die Decke über die Schultern, die sie schön glatt streicht. Dann erhebt sie sich wieder.) „Die Schafe, die stehen kreuz und quer auf der Weide und grasen. Und hören ihn trotzdem, wenn er ruft." (Sie steigt über den auf dem Boden spielenden Knirps und geht wieder zurück in die Küche.)

Er: „Und wenn er nicht ruft, sondern flüstert?"

Sie: „Ich bin mir sicher, die Schafe haben gute Ohren." (Sie zieht die Besteckschublade auf und beginnt, Messer und Gabeln abzuzählen.)

Er: „Wann hast du denn das letzte Mal Gottes Stimme gehört?"

Sie: „Lass mich nachdenken." (Sie verteilt das Besteck auf dem Tisch.) „Du meinst jetzt: ‚Ganz bewusst Gottes Stimme gehört'?" (Sie geht nachdenklich zurück zum Küchenschrank und holt die Teller.)

Er: „Ja." (Spielt mit den Fingern des Babys.)

Sie (die Teller auf dem Tisch verteilend): „Das müsste gewesen sein, als ..."

Plötzlich ertönt ein Gerumpel in der Küche. Der Knirps hat die Salatschleuder von der Ablage gerissen, der Salat und das Wasser verteilen sich auf dem Boden.

Sie: „Oh, neee! Wieso?"

Der kleine Knirps beginnt zu weinen.

Sie (beschwichtigend): „Entschuldigung, ist ja nicht so

schlimm." (Sie drückt ihn kurz an sich.) „Jetzt aber husch raus hier!"

Der Knirps geht schniefend ins Wohnzimmer; er stellt die Salatschleuder auf die Ablage zurück; sie rafft mit wenigen Handgriffen die Salatblätter zusammen, schmeißt sie zurück in das Sieb, nimmt dann einen Putzlappen und wischt die Pfütze zusammen.

Sie: „Also, wo waren wir?"

Er (rückt Babys Wippe zurecht): „Wann du das letzte Mal Gottes Stimme gehört hast."

Sie (den Salat putzend): „Ach ja ... Also ... Das war wahrscheinlich, als ich diesen Vers bekommen habe, erinnerst du dich? Habe ich dir doch erzählt. Mir ist beim Bibellesen bewusst geworden, dass das genau die Antwort ist."

Er: „Siehst du!" (Auf dem Herd zischt es, da das Wasser im Topf gerade überkocht.)

Sie: „Huch!" (Sie zieht den Topf schnell auf die Seite und regelt die Temperatur herunter.) „Was? Ach so, du meinst, das war Stille Zeit – ich habe mir bewusst Zeit genommen für Gott." (Sie holt wieder den Putzlappen hervor, riecht daran, rümpft die Nase und legt ihn zur Seite.)

Er: „Bingo!"

Sie: „Bingo!" (Sie holt einen neuen Spüllappen aus einer Schublade.) „Richtige Antwort! Gewonnen! Was krieg ich jetzt? Eine neue Waschmaschine? Apropos: Der Geschirrspüler macht wieder so komische Geräusche."

Er: „Du lenkst vom Thema ab."

Sie: „Nein, die Spülmaschine macht wirklich seltsame Geräusche, so sccccht-sccccccht, anstatt scht-scht, weißt du?" (Sie stellt den Topf wieder auf den soeben abgewischten Herd.)

Er: „Hast du …?"

Sie (fällt ihm ins Wort): „Na klar hab ich das Sieb gereinigt, da war so ein kleines Plastikteil von der Brotverpackung drin, so eine Klammer, und ein paar Brösel und so, das Übliche halt. Habe ich heute Morgen alles schön sauber gemacht. Also daran kann's wohl nicht liegen!"

Er (nachdenklich): „Dann muss ich mal schauen … Und du bist sicher, dass es sccccht-sccccccht macht?"

Sie: „Na hör mal, den Unterschied kenne ich ganz genau!" (Sie grinst.) „Und weißt du was, den höre ich sogar, während ich Gemüse schnippele oder Butterbrot schmiere!"

Er (stöhnt): „Okay, du meinst, so wie du auch Jesus hören kannst, wenn du Gemüse schnippelst oder so."

Sie nickt.

Ein lautes „Bruuuuuuuummm" ertönt aus dem Wohnzimmer, während sie eine Tomate auf ein Brettchen legt und beginnt, sie zu zerschneiden.

Er (gemein lächelnd): „Dann genügt es dir also auch, dass wir uns hier so in der Küche unterhalten und brauchen dafür keinen Extraabend einzuplanen?" (Er zieht sein Handy aus der Tasche.) „Das ist gut. Ich ruf gerade mal unseren Babysitter an, dass er nicht zu kommen braucht."

Sie (unterbricht ihre Arbeit, schaut böse): „Arrrrg! Natürlich nicht!"

Er steckt sein Handy grinsend wieder ein.

Sie: „Okay, okay, ich hab ja gar nichts gesagt!" (Sie steht unschlüssig da, mit dem Messer in der Hand. Dann, vor sich hin murmelnd:) „... aber Maria hat das bessere Teil erwählt ..." (Sie legt das Messer hin, wäscht sich die Hände und sagt zu ihrem Mann:) „Maria hat das bessere Teil gewählt? Dann wähle ich jetzt auch das bessere Teil! Ich gehe mal eben Stille Zeit machen!" (Sie geht Richtung Türe.)

Er schaut erschrocken auf: „Halt! Das kannst du doch nicht ..."

Sie: „Was kann ich nicht?"

Er: „Einfach so, ich meine, wer soll das hier ...?"

Sie zuckt mit den Schultern, geht weiter und verschwindet.

Er (hilflos): „Ich meine, ich kann doch nicht ..." (Er ruft laut:) „Ich habe Hunger!"

Stille.

Das Baby brabbelt immer quengeliger. Er steht verloren da und überlegt. Nimmt dann das Kind aus der Wippe, geht in die Richtung, in die seine Frau verschwunden ist und ruft: „Ich habe dir noch gar nicht davon erzählt, was Martin gepredigt hat!"

Sie (von Weitem, nur gedämpft zu hören): „Was denn?"

Er (laut): „Weißt du, dass Marta die Erste war, die Jesus als Christus bekannt hat? Das steht in, ach, wo noch mal, also es steht jedenfalls in der Bibel, dass sie bekannt hat: ‚Ja, ich glaube, dass du Gottes Sohn bist' – und zwar vor Maria!"

Leises Rumpeln, Schritte nähern sich.

Er: „Und dass Marta diejenige war, die nach dem Tod von Lazarus nicht in Depression verfallen ist, sondern die Jesus entgegengegangen ist? Dass sie fähig war, trotz Kummer aufzustehen und zu handeln?" **(Sie erscheint langsam im Türrahmen)** „Dass sie nicht nur eine Frau der Tat war, sondern dass sie Glauben hatte ..." (betonend) „... einen großen Glauben, auf eine ganz natürliche, bodenständige und eben praktische Weise?"

Sie (mit verschränkten Armen da stehend): „Und das heißt?"

Er: „Dass wir beides brauchen, natürlich. Dass das eine ohne das andere nicht funktioniert. Glaube nur mit ‚Ommmmm' funktioniert genauso wenig wie Glaube nur mit ‚rührn'."

Sie (leicht skeptisch): „Das hat er wirklich gesagt?"

Er (entschlossen): „Ja." (Er legt seiner Frau das Baby in die Arme.) „Also: Zeig mir mal, wie das geht mit dem Salat."

Johannes: „Mama, ich stehe jetzt immer früher auf
und mache Sport, damit ich ganz stark werde."
„Du?"
„Ja, Mama, manchmal bin ich doch schon wach,
bevor du mich wecken kommst."
„Ja, schon, aber ich habe noch nie gesehen,
dass du dich da großartig bewegen würdest!"
„Tja, ab und zu muss man sich eben auch
mit der Theorie beschäftigen!"

WIE ELEFANT UND MAUS

Dass Gott Humor hat, zeigt schon alleine die Tatsache, welche Partner er uns Menschen so zur Seite stellt. Mein Mann und ich gehören zu den Typen „Maus und Elefant" (und ich bin nicht die mit dem Rüssel), die schon rein äußerlich nicht zusammenpassen. Und dann sind da noch die durch unsere Persönlichkeit bedingten Differenzen, die sich wahrscheinlich nirgendwo so deutlich zeigen wie (na, raten Sie mal!) – bei der Erziehung der Kinder.

Schon alleine weiß ich manchmal nicht wirklich, wie ich meine Kinder am besten erziehe, und gemeinsam wissen wir es noch weniger. Unsere Meinungen gehen oft ziemlich weit auseinander. Total blöd gelaufen, könnte man sagen. Und natürlich ließe sich im gleichen Atemzug ergänzen, dass solche grundlegenden Diskussionen über unterschiedliche Ansichten, Prägungen und Persönlichkeiten schon vor der Ehe thematisiert gehören.

Das hatten wir auch gemacht! Und waren uns einig. Theoretisch jedenfalls. So im Großen und Ganzen halt. Allerdings geschah das in einer Zeit, in der uns das Große und Ganze sehr einfach vorkam. Nämlich in einer Zeit, in der wir noch keine Ahnung hatten von Bauchkoliken, ersten Zähnchen, blank liegenden Nerven und dass eine volle Windel, die mal eben am falschen Ort liegt, durchaus für einen Ehestreit sorgen kann. Erst als unser erstes Kind auf der Welt war, fiel uns auf, dass es bei vielen unserer Diskussionen um die Klärung ganz gewichtiger Detailfragen ging:

- Was mache ich mit einem Baby, das aus unerfindlichen Gründen schreit?
- Wie lange soll, darf oder muss ich es herumtragen?
- Soll das Kind ein, zwei oder drei Mal in der Woche gebadet werden?
- Wie weit darf es seine Finger in den Brei eintauchen? (Oder vielleicht gar nicht.)

Und natürlich gingen die Detailfragen mit der Zeit und dem Alter der Kinder:

- Soll das Tragen von Hausschuhen Pflicht werden?
- Wie lange dürfen die Kinder fernsehen?
- Wie viel Taschengeld ist je nach Alter genug?
- Muss das Kind bei Kälte eine lange Hose tragen, die es aber nicht tragen will?

Oft musste ich mich also nicht nur mit der sturen Meinung eines Kindes, sondern auch noch mit der meines Mannes auseinandersetzen, was die Situation für mich nur bedingt entschärfte. Und ich fragte mich: *Warum ist da noch einer, der meine Konzepte durchkreuzt?* Ist dieses „Mama so, Papa so" nicht total kontraproduktiv für Kinder, weil sie irgendwann gar nicht mehr wissen, wie der Hase läuft? Und müssten eigentlich nicht gerade christliche Eltern als harmonische Vorbilder fungieren und sich schon aus Prinzip einig sein?

Eines schönen Abends war mein Mann unterwegs und ich alleine die Tonangebende zu Hause. Als ich dann unsere fünf Kinder mit strikten Anweisungen Richtung Bad schickte, fragte ich mich plötzlich: *Huch, bin das eigentlich wirklich ich?* Denn der Part des kommandierenden Feldmarschalls gehört eigentlich normalerweise meinem Mann. Mir wurde klar, dass ich seine Rolle, die durch seine Abwesenheit irgendwie im Gesamtbild fehlte, übernommen hatte. Ich agierte an diesem Abend sozusagen als Mama und Papa in Personalunion.

Mein Mann ist meistens der Strengere von uns beiden; die harte, durchgreifende Hand, die für Struktur und Ordnung sorgt und fähig ist, schnell Entscheidungen zu treffen. Ich gehe dafür sensibler auf die Kinder zu, bin Zuhörerin, Trösterin und Mutmacherin.

Die Kinder brauchen beides.

Jedenfalls wird mir auf einmal klar, dass mein Mann und ich uns in vielen Dingen einfach ausgleichen beziehungsweise ergänzen. Das macht die Erziehung zwar nicht unbedingt einfacher, aber dafür laufen wir auch weniger Gefahr, von irgendeiner Seite unserer persönlichen Überzeugung vom Pferd zu fallen.

Wenn mein Mann im Eifer des Gefechts zu harten Konsequenzen greift, schreite ich ein – und wenn mir eine Situation zu entgleiten droht, weil ich zu sehr auf die Wünsche jedes Einzelnen eingehen und achten will, ergreift mein Mann das Wort. Gerade durch unsere Verschiedenheit schaffen wir so ein gewisses Gleichgewicht. Immerhin schaffen es unsere Kinder nicht, uns gegeneinander auszuspielen. Ein Beispiel:

Jakob kommt zu mir und fragt: „Gummerberchen haben?"
„Du kriegst jetzt keine Gummibärchen", verneine ich.
Er überlegt kurz und hakt dann nach: „Papa fragen?"

Meist genügt nämlich schon ein einfaches, kurzes Nachhaken, ob das Kind dieselbe Frage auch schon dem anderen Elternteil gestellt hat, um solche Trickserein (zur Enttäuschung des Kindes) zu entlarven. Und das Schöne daran ist, dass mein Mann und ich dann merken: Manchmal sind wir uns dann doch einig. Wenn auch nicht im Detail, so doch im Großen und Ganzen.

32.
EIN BRIEF AN GOTT

Lieber Gott,

ich bin so sauer!
Sauer auf meine Kinder!
Jeden Tag ist es das Gleiche.
Jeden Tag der gleiche Zirkus.
Jeden Tag muss ich ihnen wieder das Gleiche erzählen!
„Mach so!",
„Mach vorwärts!",
„Ein bisschen schneller!" – und nichts passiert!
Hört mir eigentlich jemand zu?

Und ich bin sauer auf mich!
Dass ich schon wieder laut geworden bin!
Dass ich ausgerastet bin!
Als es schon wieder nicht geklappt hat mit dem Großen, habe ihm seine Brotdose hinterhergeschmissen.
Wie bescheuert.

So blöd von mir.
Ich bin nicht besser als meine Kinder!
Er hat das Brot einfach aufgehoben und mich dabei so traurig angeguckt. Natürlich ist bei dieser Aktion auch noch der Deckel von der Dose abgeplatzt.
Ich selbst hätte platzen können vor Wut!
Die Dose ist jetzt kaputt.
Dabei hatte ich mir doch geschworen, nicht mehr auszurasten, weil dann immer so was Blödes passiert! Ich hatte sogar dafür gebetet, in solchen Situationen ruhig zu bleiben – und jetzt das!
Warum hast du mein Gebet nicht erhört?

Ich bin so traurig über mich.
Ich könnte heulen, und das werde ich jetzt auch tun.
Was soll ich denn sonst tun?
Wie kann ich verhindern, dass ich tausendmal am Tag und morgen auch wieder dasselbe sagen muss?
Ich weiß es nicht.
Weißt du es?
Ich hätte gerne eine Antwort!

Deine verzweifelte
Karin

Liebe Karin,

ich vergebe dir,
dass du wütend wirst.
Ich vergebe dir,
dass du mich anklagst,
obwohl ich nicht das für dich tun kann,
was du selbst tun musst.
Ich vergebe dir.
Und ich werde dir das auch morgen und übermorgen wieder sagen.
Immer wieder!
Immer dasselbe!

Dein himmlischer Vater

*„‚Wenn mein Sohn oder meine Tochter an mir schuldig wird,
wie oft soll ich ihnen vergeben?
Bis zu siebenmal?'"
Jesus antwortete:
‚Nicht nur siebenmal! Ich sage dir: Bis zu siebzigmal siebenmal!'"*

Nach Matthäus 18,22-23 (BB)

33.
AUF DEM KITA-FLUR

Friederike steht im Flur des Kindergartens und hat gerade ihr Kind verabschiedet, das mit drei anderen kleinen Hüpfern im Gruppenraum verschwindet. Da sieht sie Gesa, die auf allen vieren kniend den Boden nach einem Hausschuh absucht. Sanft tippt sie ihr auf die Schulter.

„Du …"

„Hey, Freddy! Alles gut? Bist du heute mal etwas früher da? Dieser blöde Pantoffel! Wo der wohl schon wieder gelandet ist?" (Sie sucht den Boden weiter ab.)

„Hast du schon unter der Kiste mit den Rucksäcken nachgeschaut?"

„Ne …" (Sie robbt vorwärts und guckt unter der besagten Kiste nach.) „Da ist auch nichts. Ich werde noch verrückt!" (Sie kriecht weiter vorwärts.)

„Sag mal, du …"

„Hier! Hier ist er!" (Sie steht auf, hält einen Hausschuh triumphierend schwenkend in der Hand und wendet sich ihrem Kind zu.) „So, Lena, hier ist er, zieh ihn an!"

Das Kind beginnt zu weinen.

„Ist ja eigentlich auch zu warm für diese Dinger!"

Gesa versucht, ihrem Kind die Hausschuhe anzuziehen.

Jürgen, der Papa von Johanna, klinkt sich ins Gespräch ein: „Da sagst du was. Ist echt warm heute. Ich wollte der Kleinen eigentlich ein T-Shirt anziehen."

Friederike schaut auf seine Tochter und runzelt die Stirn.

„Tja, die waren alle zu klein", entschuldigt sich Jürgen schulterzuckend.

„Ich muss heute auch noch ..." *(Pssst, Lena, ist ja schon gut!)* „... den Kleiderschrank umsortieren."

„Ja, Leute, es wird Frühling! Ist doch schön!"

„Die Hüllen fallen! Plötzlich sieht man Tattoos aufblitzen ..."

„Wie? Wer hat ein Tattoo?", fragt Jürgen dazwischen.

„Und die Babybäuche, die im Winter unter dem Mantel versteckt waren."

„Stimmt", kichert Gesa.

Jürgen grinst verlegen, nimmt seine Tochter an der Hand und führt sie weg. Er prallt beinahe mit einem rennenden Jungen zusammen, während Gesa weiterhin versucht, ihrer Tochter die Hausschuhe anzuziehen.

„Oh, hallo Tom!"

Es folgt mit langsam hinterhertrottenden Schritten Iris, sie ist sichtlich müde.

„Hi."

„Hallo! Na, wie geht's?"

„Hör auf. Ich bin fertig. Aber so was von."

„Oh!"

Gesa blickt auf ihre Tochter: „Ob ich heute auch noch mal fertig werde?"

„Wer war das mit Babybauch?"

„Die Astrid."

„Hab ich noch gar nicht bemerkt."

„Und ein Tattoo, das ist ziemlich ..."

„Tattoo? Echt?"

„Ja, wer braucht schon Tattoos?", fragt Gesa in die Runde.

„Wupp! Endlich geschafft!" (Sie gibt ihrem Kind einen liebevollen Klaps.) „Die Leute, die sich da den Namen ihres Kindes in den Arm tätowieren. Was soll das? Können die sich den nicht merken, oder was?"

„Ja, früher haben wir uns auch die Spickzettel auf den Arm geschrieben!"

„Pssst!", pfeift Friederike mit einem vielsagenden Nicken dazwischen.

Eine Mutter taucht mit einem Mädchen auf.

„Äh, oh. Ich geh mal."

Iris verschwindet in den Gruppenraum.

Friederike begrüßt kurz die dazukommende Mutter: *„Hallo!"* Anschließend wendet sie sich Gesa zu: *„Also, Gesa, ich wollte dir doch ..."*

„Ich muss ..." (Sie langt zu den Rucksäcken und kramt gedankenverloren in dem ihrer Tochter rum.) „Ich versteh's einfach nicht, ich könnte schwören, ich hätte dieses Dingsbums ..."

„Wow, Maxima, ein tolles Kleid hast du an!", sagt Friederike.

„Hm, na ja, das ist nicht mein schönstes", antwortet Maxima, während sie in ihre Hausschuhe schlüpft. „Ich mag lieber das andere, aber das darf ich nicht im Kindergarten anziehen."

„Aha!"

„Komm!", sagt die Mutter von Maxima. (Beide verschwinden in den Gruppenraum, während Jürgen ihn kurz grüßend verlässt.)

„Furchtbar, oder?" (Gesa steht mit dem Rucksack in der Hand da und schüttelt den Kopf.) „Ich bin auch verpeilt, ich habe doch dieses Dingsbums vergessen!"

„Was denn für ein Dingsbums?"

„Na, von der einen da. Von dem Mädchen, das letzte Woche bei uns zum Spielen da war. Eine glatte Katastrophe, sag ich dir! Die hat ..." (Sie wendet sich zu ihrer Tochter) *„Lena, wo hattest du denn das Dingsbums zum letzten Mal?"* „... Sachen losgelassen" (Sie äfft eine Kinderstimme nach.): „,Ich spiel nicht mit solchen Puppen, nur mit Barbies. Ich mag die Wurst nicht, nur die mit den Bärchen.'"

„Ich stell mir das gerade vor ..." (Friederike kichert.) „... an der Fleischtheke: Welche Wurst? Vom Schwein oder Geflügel? Nein, die vom Bären!"

„Haha."

„Du, ich wollte dir noch ..."

„Sorry, ich muss das jetzt mit diesem Dingsbums klären." (Sie geht mit ihrer Tochter zum Gruppenraum.) „Wir sehen uns!"

„Na klar."

Friederike zuckt mit den Schultern und geht in Richtung Türe. Kaum draußen, wird sie von Iris eingeholt.

„**Puh!**" (Iris atmet kräftig durch.)

Die beiden Frauen gehen drei Schritte schweigend nebeneinanderher.

„Also, was ist los?"

„Was meinst du?"

„Na, was macht dich so fertig?"

„Es ist so ..." (Sie sucht nach Worten) „Also, ich muss bei gestern anfangen. Ich war mit Tom und Henrik beim Mutter-Kind-Turnen. Die beiden mussten da über verschiedene Sachen balancieren, solche Bänke, diese langen ..."

Friederike nickt.

„und die einen waren noch so an einem Kasten aufgehängt, sodass es auf- und abwärtsging. Henrik hat da noch ein bisschen Angst, ich musste ihn an der Hand halten, da kam Tom und hat gequengelt. Ich hab nicht sofort auf ihn reagiert, da hat er angefangen, an dieser Bank zu rütteln. Ich drehte mich gerade zu ihm um, weil ich mit ihm schimpfen wollte, da ist Henrik ausgerutscht und von der Bank runtergefallen. Weißt du, ich hatte ihn ja eigentlich an der Hand, aber weil ich mich umgedreht hatte und er wegen des Wackelns Angst bekommen hat, ist er total doof von dieser Bank gefallen. Ich hab nur noch gesehen, wie er da unten lag und plötzlich Blut im Gesicht hatte."

„Uih!"

Die beiden Frauen haben mittlerweile gemeinsam die Kita verlassen und stehen draußen am Ausgangstor.

„Ich war total geschockt. Ich wusste nicht, was ich tun sollte und hab einfach gekreischt."

„Das hätte ich wahrscheinlich auch."

„Du? Ich weiß nicht, du bist doch ..."

„Was?"

„Egal. Es war eigentlich gar nicht so schlimm. Er hat sich nur auf die Lippe gebissen, aber all das Blut ... Puh! Und geschrien hat er wie am Spieß! Jedenfalls, während ich mich um Henrik gekümmert habe, hat Tom angefangen zu heulen und ich habe ihn nur zusammengestaucht, er soll mal endlich ruhig sein und sowieso ist er ja an diesem Sturz schuld und so weiter! Ich war so sauer auf ihn!" **(Sie zieht Luft durch die Zähne.)** „Und dann hat er plötzlich auf den Boden gepinkelt. Weißt du, er hätte eigentlich schon die ganze Zeit gemusst, aber ich hab's nicht gemerkt, weil ich so auf Henrik und diese blöde Bank fixiert war. Und ich habe nur noch mit ihm geschimpft. Und auch die Leiterin."

Iris blickt betreten auf den Boden.

„Die Kursleiterin?"

„Ja, sie hat gesagt, das sei das Ekligste, was je im Turnen passiert sei, und ich solle es so schnell wie möglich wegputzen und wieso ich mein Kind nicht besser erziehen könne."

„Na, na ..."

„Wahrscheinlich stimmt das sogar ..."

„Was?"

„Dass ich schuld an dieser ganzen Situation war. Wenn ich bloß aufgepasst hätte ..."

„Aber du hast doch aufgepasst!"

„Ich hätte eben besser aufpassen müssen, noch vor Beginn mit Tom aufs Klo gehen, dann wäre das Ganze nicht passiert."

„Da hätte er wahrscheinlich noch gar nicht gemusst."

„Was weiß ich ... Es ist so peinlich! Ich stehe da mit einem blutenden und einem vollgepinkelten Kind und hätte nur im Boden versinken können! Ich bin so eine Versagerin!"

„Das könnte ich von dir definitiv nicht behaupten!"

„Sogar die Kursleiterin hat's gesagt."

„Ach komm! Das stimmt doch nicht!"

Gesa kommt auf die beiden Frauen zu: „Was stimmt nicht?"

„Egal jetzt."

„Wenn einem ein Missgeschick passiert, ist man da gleich eine schlechte Mutter?"

„Na klar! Ich bin auch eine! Ich gebe meinem Kind keine Bärchenwurst!" (Sie lacht.) „Aber jetzt mal im Ernst: Gute oder schlechte Mutter, das ist doch irgendwie unsinnig, oder?"

„Wieso? Willst du keine gute Mutter sein?"

„Wer sagt denn, was gut ist? Früher musstest du deinem Kind gestärkte Hemden anziehen, um eine gute Mutter zu sein. Also so gesehen, nö, ich bin keine gute Mutter und das geht mir direkt am Allerwertesten vorbei."

„Apropos Allerwertester: dieses Tattoo von Sabine ..."

Gesa verdreht die Augen und erklärt Iris: „Hier hinten am Hals ..."

„Sie hat mir erklärt, was es bedeutet."

„Da wird es schwierig mit der Gedächtnisstütze für den

Kindsnamen, man kann sich ja schlecht den Kopf aushängen und schauen, was da hinten steht." (Sie macht ein paar seltsame Verrenkungen.)

„Also, was denn?"

„Wie, was?"

„Na, was es bedeutet."

„Es ist ein chinesisches Zeichen."

„Hab ich schon gesehen."

„Pssst!"

„Und es bedeutet ‚gut'."

„Wow, wie einfallsreich! *Gut!* Super! Prima!"

„Ja, aber der Clou daran ist, dass dieses Zeichen so quasi aus zwei anderen Zeichen besteht, die dann eben gemeinsam ‚gut' ergeben."

„Lass mich raten! Hm, Bier und Brezel werden es wohl nicht sein."

„Und Pommes mit Schnitzel auch nicht, das kann ich dir jetzt schon verraten."

„Hängematte und Buch vielleicht."

„Volles Portemonnaie und Shoppingmall?"

Friederike schüttelt den Kopf: „Ganz einfach: Mutter und Kind."

„Echt?"

„Mutter + Kind ergibt gut."

„Wo bleibt da der Vater?"

„Also nicht: gute Mutter = gutes Kind?"

Friederike schüttelt nochmals den Kopf.

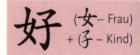

„Ist doch interessant. Mutter und Kind zusammen. Basta. Gut und fertig."

„Also ich weiß nicht …bei Maxima wäre ich mir da nicht so sicher."

„Na ja, ich muss ehrlich sagen: Es gibt schon so Fälle, die vielleicht nicht so optimal sind, aber das sind Ausnahmen, würde ich mal behaupten."

„Du meinst also, es ist gut, wenn ich mit meinen Kindern zusammen bin? Und so gesehen bin ich als Mutter auch irgendwie gut, obwohl ich manchmal einen Bock schieße, aber ich bin ja bei den Kindern."

„So ungefähr, ja! So sehe ich das!"

„Ihr habt ja echt komische Theorien. Das ist mir irgendwie zu viel Sushi-Gemauschel."

„Sushi ist doch japanisch."

„Egal, ich muss sowieso los! Macht's gut, ihr beiden!" (Gesa winkt und geht in Richtung Auto.)

„Danke. Das hat mir gutgetan."

Friederike zuckt mit den Schultern: *„Ist doch nur ein Tattoo."*
„Trotzdem!"

Gesa dreht sich nochmals um: „Hey, Friederike, wolltest du mir eigentlich noch was sagen?"

„Ja, äh … da war noch was. (Dann wird sie lauter:) „Ach, vergiss es! War nur irgendwas Dingsbumseliges!"

34.
REGENBOGEN

Wenn
das Gras auf der anderen Seite des Zaunes grüner,
der Himmel auf der anderen Seite des Berges blauer,
das Hemd auf der anderen Seite der Scheibe weißer,
die Banane auf der anderen Seite der Gitterstäbe gelber und
der Ketchup auf der anderen Seite des Bildschirms roter ist,

dann
besinne ich mich darauf,
dass meine Füße auf der Seite der Erdkruste stehen,
die mir den Blick auf Gottes schillernden Regenbogen gewährt.

SOMMERGEWITTER

Wir haben uns schon lange nicht mehr gesehen. Wir konnten unseren Kontakt aber über die große Distanz mit E-Mails aufrechterhalten. Nun sind wir beide im Urlaub in der alten Heimat und treffen uns wieder auf der Terrasse meiner Eltern. Die Sonne brennt, die Luft ist schwer von der Hitze und dem Duft der Kräuter auf dem Fensterbrett, wir genießen Kuchen und diesen Sommertag mit einem fröhlichen Austausch von Neuigkeiten.

Meine Freundin ist davon angetan, dass sich unsere Kinder unbeschwert auf der Wiese und dem dahinterliegenden Bach austoben können. Sie plaudert munter weiter, lässt mittendrin *eine kurze Bemerkung* fallen, erzählt dann von etwas anderem. Doch mir ist plötzlich, als würde man mir den Boden unter den Füßen wegziehen. Ihr Kommentar, eigentlich bloß ein Nebensatz, trifft mich. Für einen Moment lang weiß ich nicht, was ich sagen soll.

Einspruch erheben?

Mit einer dummen Bemerkung kontern?

Das Ganze schönreden?

Aber meine Freundin ist längst schon wieder woanders mit den Gedanken und so lasse ich ihren Satz unkommentiert.

Aber: Es stimmt, was sie gesagt hat.

Sie hat recht.

Sie hat nicht gelogen oder etwas erfunden.

Sie hat lediglich eine Tatsache dargestellt.

Etwas beim Namen genannt.

Sie wollte mir damit nicht wehtun, doch nadelspitzenscharf hat sie mich genau da getroffen, wo es wehtut. Und dass es so wehtut, wusste ich vorher gar nicht. Mir selbst wird es erst jetzt bewusst, als ich krampfhaft versuche, meine Fassung zu wahren, obwohl in meinem Inneren gerade eine Mauer, die ich immer für völlig intakt gehalten habe, zusammenbricht, als wäre sie aus Papier.

Als unsere Kinder schon bald wieder unsere Aufmerksamkeit einfordern, bin ich froh, denn so kann ich meine verletzten Gefühle spontan hinter einer „Ich kümmer mich drum"- und „Gell, das macht Spass"-Fassade verstecken.

Als Wolken aufziehen und sich zu türmen beginnen, packt meine Freundin ...

Ist sie eigentlich noch meine Freundin?

Nein, ich halte es nicht mehr aus mit ihr.

Sie hat aber doch überhaupt nichts Böses gesagt!

Was nun?

Ist sie noch meine Freundin?

... ihre Sachen und macht sich wieder auf den Weg.

Kaum ist sie weg, stelle ich schnell das Geschirr zusammen und trage es, zusammen mit ein paar Kissen und Spielzeug, in die Wohnung. Von Minute zu Minute wird es dunkler, ein Gewitter ist im Anmarsch. Der Wind, der eben noch die schwüle Luft etwas angenehmer gemacht hatte, entwickelt sich zu einem Sturm. Meine Mutter ruft Anweisungen durchs Haus. Ich renne in die Schlafzimmer, um die Fenster zu schließen, da zucken schon die ersten Blitze vom Himmel herab. Der stürmische Wind reißt mir die Vorhänge aus den Händen. Es ist ein kleiner Kraftakt, sie zu halten und gleichzeitig die Fenster zu schließen.

Keuchend beobachte ich das tosende Schauspiel am Himmel.

In mir sieht es genau so aus.

Die kleine Bemerkung meiner Freundin hat eingeschlagen wie ein Blitz. Sie hat dieses Sommeridyll von einer Sekunde auf die andere in einen tobenden Gewittersturm verwandelt.

„Die Äpfel!", höre ich meine Mutter rufen. Dann trampeln Schritte los. Sie rennen. Türen schlagen und wieder geht ein Windstoß durchs Haus, der eine andere Türe zuknallen lässt. Große, peitschende Regentropfen knallen gegen das Fenster. Ein Kind ruft etwas. Alles ist in heller Aufregung.

Als ich selbst wieder hinunter in die Küche gehe, kommt meine Mutter pitschnass vom Garten herein; sie schleppt einen Eimer Äpfel. „Die Äpfel!", keucht sie. „Sie sind alle unten! Der Sturm hat sie alle vom Baum geholt!" Sie stellt den Eimer auf den Tisch, ein Kind kommt mit einer weiteren Schüssel Äpfel dazu.

Schnell hat Großmutter einen Topf auf den Herd gestellt. Sie weist die Kinder an, wo sie die Äpfel hinstellen können, welche völlig durchnässt, aber stolz ihre Aufgaben erledigen.

„Sie werden schlecht, wenn wir sie jetzt nicht verarbeiten." Hektisch fängt Mutter an, die Äpfel zu zerschneiden und in den Topf zu werfen.

Ich gehe wieder nach oben und suche trockene Klamotten für die Kinder. „Siehst du", sage ich mir selbst. „Bringt ein Sturm die Früchte deines Lebens durcheinander, dann musst du es so handhaben: Mach Apfelmus daraus."

Bringt ein Sturm die Früchte deines Lebens durcheinander, dann mach Apfelmus daraus.

> Johannes (6,5): „Ich weiß eigentlich gar nicht, wozu ich lebe... Aber Jesus will sehen, wie wir leben. Also wozu müssen wir dann sterben?
> ... Mama, wahrscheinlich lebe ich dazu, dass in unserer Familie jemand nachdenkt!"

DAS KUNSTWERK

Dass unsere Kindergartenkinder öfters verschiedene Bastelarbeiten nach Hause schleppen, bin ich ja gewohnt. Doch heute ist es unser Zweitklässler, der mit einem Din-A3-großen Blatt erscheint, das ich mir neugierig anschaue. Ein kopierter, aus vielen großen Blättern bestehender Baum füllt die ganze Seite aus. Er wurde mit Farbstift ausgemalt und mit ein paar aus der Zeitung ausgeschnittenen Wörtern beklebt.

„Guck!", sagt er, hält sein Werk hoch und zeigt sichtlich stolz auf eines der Wörter. „Schweiz", lese ich und grinse ihm liebevoll zu. Ich habe die Botschaft verstanden: Mein Sohn hat bei seiner Arbeit an mich gedacht.

„Und hier", sein Finger bleibt bei einem weiteren An-Mama-gedacht-Wort stehen: „Opel Corsa".

„Hm", hüstele ich, mir vorstellend, wie ich fünf Kinder in einem Corsa unterzubringen versuche, und korrigiere sanft: „Eigentlich Zafira. Aber Opel stimmt!" Schmunzelnd lese ich die anderen Wörter: ein paar Ortsnamen aus der Umgebung, ein paar Begriffe, die dem Kind gefallen, sein Lieblingsfußballverein. Typische Wörter, aus der Zeitung halt. Ansonsten kann ich zwischen den Wörtern und dem Baum keinen Zusammenhang erkennen, was eine gewisse Ratlosigkeit bei mir auslöst.

Ich frage Johannes, in welchem Fach er denn dieses Kunstwerk angefertigt hat. Über die berühmte „Wörter-mit-bestimmten-Buchstaben-aus-der-Zeitung-ausschneiden"-Phase ist er doch eigentlich schon hinweg.

„Rate mal", erwidert er.

Ich tippe spontan auf das Fach Religion: „Ja, heute hattest du doch Religionsunterricht."

Er schüttelt den Kopf und verdreht die Augen.

Stimmt ja, es gibt zwar Leute, für die der Fußball eine Gottheit darstellt, und bei den Automarken gibt es auch gewisse religiöse Tendenzen, aber „Darmstadt" oder die „Schweiz"? – Nein, als religiöses Werk macht es dann doch nicht so viel Sinn.

„Nun sag schon", dränge ich.

„Also, Mama, es ist ein Fach, in dem ich ... äh ... eigentlich nicht so gut bin."

Ich überlege. Zum Fach Musik scheint es mir noch weniger zu passen als zu Religion.

„Ah!" Endlich fällt der Groschen! „Kunst!", rufe ich.

„Ja, Mama, Kunst!", nickt Johannes zustimmend.

Nun, er hat recht: Kunst und Johannes, das ist ein Thema für sich. Sein Interesse an bunten Farb- und Filzstiften war schon immer sehr gering. Wenn ich ihn im Kindergartenalter zum Zeichnen aufforderte, verlangte er als Erstes nach einem Kugelschreiber. Mit vielen Linien und Zeichen entstanden so Beupläne von Raketen, Konstruktionspläne für selbst erfundene Maschinen, viele Straßenpläne, Situationspläne unterschiedlichster Art und schematische Darstellungen von der Erde und den Planeten. Wenn irgendwo auf seinen Bildern Menschen auftauchten, dann eigentlich nur in Verbindung mit einer – anfänglich mit Zeichensprache gefüllten – Sprechblase. Doch schon bald lernte er, Buchstaben und Zahlen zu zeichnen, die dann seine Pläne mit Hinweisen, Erklärungen, Formeln und Legenden ergänzten. Nur wenige seiner frühkindlichen Werke bestehen aus mehr Farben als Papierweiß und Tintenblau. Es sei denn, der Kugelschreiber hatte schlappgemacht.

Ein Gedanke schießt mir plötzlich durch den Kopf: Ist das nicht wahre Kunst, wenn sich jemand, der nicht künstlerisch begabt ist, sich künstlerisch betätigt? Hm, ich kann meine eigene Frage selbst nicht richtig beantworten. Aber eines weiß ich: Für seine undurchschaubaren Pläne würde Johannes wohl keine gute Note im Fach Kunst bekommen, doch sie drücken mehr von ihm und seiner Innenwelt aus als jedes schöne Ausmalbild.

Ich schaue mir das Bild mit dem Baum nochmals etwas genauer an. Und ich staune: Für die Blätter hat mein Sohn zwei verschiedene Grüntöne benutzt! Der Baumstamm ist braun, die Schnecke, die daran hochkriecht, ebenso. Die paar Blumen sind unterschiedlich bunt, der Himmel leuchtet blau und von der oberen rechten Ecke lacht mir sogar eine gelb leuchtende Sonne – das einzige Objekt, das nicht von der Kopie vorgegeben war – entgegen. Es ist, als ob ihre Strahlen direkt in mein Herz fallen würden. Nur an wenigen Stellen hat mein Sohn etwas über die Linien gemalt. Dunkle Erinnerungen werden wieder wach (dunkel, weil sie ein dunkles Kapitel in seiner Biografie darstellen.): Erinnerungen an diese verflixten Mathearbeitsblätter, die er im ersten Schulhalbjahr zu Hause lösen musste. Vier Kugeln rot ausmalen, drei Kugeln blau, dann die ausgemalten Kugeln zählen. Acht Kästchen rot ausmalen, fünf durchstreichen, die verbleibenden zählen. Die Haare meines Erstklässlers standen zu Berge. Die Kugeln waren mehr durchgestrichen als ausgemalt, die Farben vermischten sich; er malte mit kräftigeren Strichen drüber, hatte nun jedoch wirklich die falsche Farbe erwischt und musste radieren, malte versehentlich eine Kugel zu viel aus, musste wieder radieren und riss dabei ein Loch in das Arbeitsblatt. Doch das Papier war nicht das Einzige, was unter diesen Aufgaben litt, auch etliche Geduldsfäden und Tränendrüsen lösten sich dabei. Es ist erst ein halbes Jahr her, und doch scheint diese Zeit weit weg. Der Übergang zum Rechnen ohne Hilfsmittel war für meinen Sohn die Rettung. Endlich ist er in seiner Welt angekommen. Seit die Matheaufgaben nur noch aus Zahlen bestehen, sind sie in fünf Minuten erledigt. Radieren muss er selten. „Sehr gut!" oder „Richtig!" steht nun darunter, statt „Genauer arbeiten!" und „Ordentlicher ausmalen!"

Und heute bringt er mir nicht nur ein paar richtige Rechnungen, sondern gleich einen sauber kolorierten Baum mit nach Hause. Ich verstehe den Zusammenhang zwischen den Zeitungswörtern und dem Baum zwar immer noch nicht ganz, aber so bekommt dieses Kunstwerk für mich eine wichtige Bedeutung.

Wenn ich Johannes mit einem Baum vergleiche, dann hat dieses Gewächs eine leicht seltsam anmutende Form. Einige seiner Äste streben schneller als gewöhnlich in die Luft. In höhere Sphären, in Richtung seiner geliebten Sterne und Planeten. Andere Ästchen wiederum hängen unschlüssig herum, als wüssten sie nicht, wohin sie wachsen sollten. Auch sein Stamm ist etwas wacklig geraten, hält sich aber tapfer, da er von gesunden Wurzeln gehalten wird.

So in etwa sieht es aus, mein mir ans Herz gewachsenes Bäumchen, das schüchtern lächelnd vor mir steht. Dankbar darf ich feststellen: Es wächst. Und es trägt grüne Blätter. In zwei verschiedenen Grüntönen!

„Der ist wie ein Baum, gepflanzt an den Wasserbächen, /
der seine Frucht bringt zu seiner Zeit, und seine Blätter
verwelken nicht. Und was er macht, das gerät wohl."

Psalm 1,3 (LU)

GUTE MUTTER

Heute mag ich mal keine gute Mutter sein.
Heute gibt's Tiefkühlpizza statt Gemüseauflauf.
Heute gibt's YouTube statt Lern-App.
„Gut, Mama!", sagen die Kinder.
Also, was jetzt?

Ich will die Kinder keine Kriegsspiele zocken lassen:
„Schlechte Mama", sagen die Kumpels.
„Gute Mama", sagt der Psychologe.

Ich will den Kindern kein Handy in die Schule mitgeben:
„Schlechte Mama", sagt der 25-jährige Medienbeauftragte.
„Gute Mama", sagt der 45-jährige Medienbeauftragte.

Ich will den Kindern Taschengeld geben, das sie sofort in Sammelbildchen investieren:
„Schlechte Mama", sagt das Sparschwein.
„Gute Mama", sagt die Wirtschaft.

Ich will die Kinder den Abwasch machen lassen:
„Schlechte Mama", sagt der Großonkel.
„Gute Mama", sagt die Großtante.

Ich kann machen, was ich will:
Irgendwie bin ich immer eine gute Mama.
Ich muss das Schlechte-Muttersein gezwungenermaßen auf morgen verschieben.

DIE CHANCE

*Gib jedem Tag die Chance,
der schönste deines Lebens zu werden!*

Als ich diese Lebensweisheit lese, denke ich etwas verächtlich: *Glückskeks-Philosophie!* Doch der Spruch lässt mich so schnell nicht los. Was, wenn das für den heutigen Tag wirklich gelten würde? Besteht eine hypothetische Möglichkeit, dass er der schönste meines Lebens werden könnte? Was müsste überhaupt passieren, damit er diese Auszeichnung verdient?

Ich merke: Es geht gar nicht darum, heute irgendetwas Bombastisches erleben zu müssen oder mein Vokabular mit neuen Superlativen aufzustocken. Es geht mehr darum, überhaupt die Chance wahrzunehmen, dass ein Tag schön werden kann und nicht schon morgens beim Aufstehen (mit dem linken Fuß zuerst) zu denken: *Oh Mann, wieder so ein verkorkster Tag – abhaken!*

Es geht also nicht um die Ereignisse selbst, sondern darum, wie ich sie einordne. Man könnte es daher auch etwas weniger überspitzt ausdrücken:

Gib jedem Tag die Chance, schön zu werden.

Das genügt eigentlich schon. Selbst das ist eine Herausforderung, wenn auch eine lohnende. Etwas später stelle ich fest: So wie ich den Schönheiten des Lebens jeden Tag eine Chance geben muss, so ähnlich geht es mir auch mit dem Glauben. Denn ähnlich „zerknautscht" wie mein Spiegelbild sind auch frühmorgens meine verschlafenen, meist kurzen Gebete. Und dennoch sind sie für mich wichtig, weil ich mich in diesem Moment dafür entscheide, die Chance wahrzunehmen und Gott in diesen Tag meines Lebens hereinzulassen und mich gleichzeitig von ihm überraschen zu lassen.

Gib jeden Tag Gott die Chance,
dein Leben zu verändern!

So könnte man wohl das Ganze – wieder etwas überzeichnet – in puncto Glaube übersetzen. Und die Version für den Alltag würde lauten:

Gib jeden Tag Gott die Chance,
überhaupt in deinem Leben präsent zu sein.

Wenn wir bekennen, dass wir an Gott glauben, verbinden viele die Basics des Glaubens damit, also: Ich glaube, dass Gott die Welt erschaffen hat; ich glaube, dass Jesus Christus geboren, für uns am Kreuz gestorben und auferstanden ist; ich glaube, dass ich in den Himmel komme. Alles richtig! Doch das sind lauter Sachen, die sich auf die Vergangenheit oder die Zukunft beziehen. Verbinden wir aber mit dem Glauben auch ein ganz konkretes Heute? Ist Gott in diesem Moment unseres Lebens präsent? Glauben wir im Chaos des Alltags daran, dass Gott mittendrin (und nicht nur dabei) ist? Im Epheserbrief (1,19-20; NGÜ) spricht Paulus sogar davon, dass dieselbe Kraft, die Christus von den Toten auferweckt hat, in uns, den Glaubenden, wirksam ist!

„Und mit was für einer überwältigend großen Kraft er unter uns, den Glaubenden, am Werk ist. Es ist dieselbe gewaltige Stärke, mit der er am Werk war, als er Christus von den Toten auferweckte und ihm in der himmlischen Welt den Ehrenplatz an seiner rechten Seite gab."

Ein Prediger soll einmal gefragt haben, was denn der tief greifende Unterschied zwischen dem Alten und dem Neuen Testament sei. Bei Begriffen wie „Vergebung der Sünden" und „Gnade" winkte er ab und erklärte dann den ziemlich verwunderten Zuhörern, dass es im Alten Testament auch schon Vergebung und Gnade gegeben hat (wenn auch mit anderen „Spielregeln"), aber als absolutes Novum wohl der Heilige Geist genannt werden müsse. Dass wir durch ihn mit Gott erfüllt werden. Durch ihn kann sich unser Glaube nicht nur auf Vergangenes oder Zukünftiges beziehen, sondern im Heute Gestalt annehmen. Wie recht er hat! Und kein geringerer als Johann Wolfgang von Goethe soll gesagt haben:

Halte immer an der Gegenwart fest.
Jeder Zustand, ja jeder Augenblick ist von unendlichem Wert,
denn er ist der Repräsentant einer ganzen Ewigkeit.

Ja, Gott ist ewig, und doch kann er nur zu deinen wie meinen irdischen Lebzeiten auch *durch dich und mich* wirken. Und einzig und allein am heutigen Tag so durch dich wirken, wie er es für heute geplant hat.

> Die Straße, an der der Kindergarten liegt, ist seit Neuestem als verkehrsberuhigte Zone ausgewiesen. Aaron (6) auf dem Fahrrad, als er das Schild entdeckt: „Oh, jetzt darf ich da nicht mehr als 30 fahren!"

EIN HOCH AUF YPHRUM

Es ist frühmorgens und Emily holt sich die Milch für die Cornflakes selbst aus dem Kühlschrank. Ich will sie gerade loben, als ich ein verdächtiges dumpfes „bumm" höre. Dann sehe ich ein wie versteinert dastehendes Kind, das verzweifelt zuerst zu mir und dann auf eine bereits geöffnete und nun ganz eingedellte Milchpackung starrt und ein weißes Bächlein davonrinnen sieht. Anschließend sehe ich schwarz ...

Ich greife schreiend nach dem erstbesten Lappen (leider ist in der Küche weder ein erster noch ein zweiter vorhanden), dann schlage ich hektisch den Kopf über meinen Armen zusammen – oder andersherum, ich weiß es nicht mehr so genau – und renne wie ein aufgescheuchtes Huhn durch die Wohnung, um einen Lappen aufzustöbern. Doch mein Geschrei kann die Milch leider nicht aufhalten. Als ich den Lappen endlich aufgestöbert habe, ist die Milch natürlich bereits unter den Küchenschrank gelaufen.

Niemand kennt das Gesetz so gut wie Eltern. Und nein, ich meine nicht das Jugendschutzgesetz, ich meine „Murphys Gesetz". Dieses besagt nämlich, dass alles, was schiefgehen *kann*, auch schiefgehen *wird*. Dass das Brötchen immer mit der Marmeladenseite auf den Boden fällt zum Beispiel. Oder auf die Nutellaseite. Oder dass die Milch nur dann aus der Hand rutscht, wenn der Deckel schon offen ist. Dass die Milch stets auf die Seite läuft, auf der der Schrank steht. Und dass die Ritze unter der Abdeckung gerade so breit ist, dass die Milch auch schön drunter hindurchfließt.

Tatsächlich fällt es Eltern selten schwer, Dutzende weitere Beispiele zu finden:

- Das Baby macht Pipi genau dann, wenn die Windel weg ist.
- Ich bin die Einzige, die mit ihrem Baby den Rückbildungskurs verlassen muss, weil es so anhaltend laut schreit.
- Es gibt *ein* unausstehliches Kind in der Kindergartengruppe? Ausgerechnet mein Kind muss sich mit ihm anfreunden.
- Das Kind trödelt dann, wenn man es eilig hat.
- Die Waschmaschine geht kaputt (als wäre das allein nicht schon schlimm genug), wenn man Magen-Darm im Haus hat.
- _____
- _____

(Bitte vervollständigen!)

Doch an einem der Tage, an dem Murphys Gesetz mich wieder mal mit unheimlicher Wucht zu treffen scheint, frage ich mich, ob ich nicht gerade einem riesengroßen Trugschluss aufsitze. Gibt es nicht auch die Tage, in denen genau das Gegenteil passiert? Könnte es demnach nicht auch ein „Syhprum-Gesetz" geben. Murphys-Gesetz einfach andersherum. Also: *Alles, was gut gehen kann, wird auch gut gehen?*

Ich halte das für eine fantasievolle Idee. Doch nachdem ich mich im Internet schlaugemacht habe, merke ich, dass schon andere vor mir darauf gekommen sind. Nur, dass sie es nicht „Syhprum"-, sondern „Yphrums"-Gesetz nennen mit dem Gedanken: „Alles, was funktionieren kann, wird auch funktionieren." Es ist sogar Gegenstand wissenschaftlicher Forschungen.

Ich könnte heulen. Aber dafür ist definitiv keine Zeit. Ich hole neben dem zu spät gefundenen Lappen auch noch Eimer und Putzzeug und zerre kurz entschlossen mit wenigen Handgriffen die Verblendung des Küchenschranks weg. Wie nicht anders zu erwarten, empfängt mich eine dicke Ladung Staub und Dreck, die schon länger (viel zu lange) da liegt. Augen zu und durch! Energisch wedle ich alles hervor, schrubbe, putze, wedle nochmals. In wenigen Minuten ist es unter dem Schrank wieder sauber und die Verblendungen sind wieder einfacher dranzumontieren als befürchtet. Etwas ungläubig stehe ich schließlich vor meinem Werk. Eigentlich war es ganz einfach und ich weiß: Hätte auf meiner To-do-Liste „Unter dem Schrank sauber machen" gestanden, hätte ich einen halben Vormittag dafür eingeplant.

Denn zuerst hätte ich seufzen und mich überwinden müssen, weil ich diese Arbeit so grässlich finde; dann mir einen Plan machen, wie ich diese Arbeit am besten organisieren könnte; dann nochmals seufzen; dann hätte ich mir einen Kaffee gemacht, weil ich mich noch immer nicht wirklich zu dieser Arbeit hätte aufraffen können; dann hätte ich langsam das Material bereitgestellt; dann noch einmal geseufzt und alle Küchenschränke der Welt verwünscht; dann versucht, die erste Verblendung wegzunehmen, aber innegehalten, weil ich vorher noch einen Spezialreiniger gesucht hätte. Vielleicht hätte der halbe Vormittag nicht einmal gereicht.

„Hopp, hopp", rufe ich meinen Kindern zu, die mittlerweile ihre Cornflakes unfallfrei zu sich genommen haben. Wir schaffen es noch rechtzeitig in den Kindergarten! Und die ekligen Küchenschrankunterbauten sind von der To-do-Liste verschwunden.

Ob Syhprum oder Yphrum: Beides ist unaussprechlich und für mich völlig irrelevant. Denn ich verlasse mich auf Gottes Gesetz. Nein, nicht das aus dem Alten Testament, sondern seine Verheißung, dass das, was mir im Leben widerfährt, selbst an einem Morgen in der Küche, einen Sinn hat und mir dient. Auch wenn ich dabei mal seufzen oder schreien muss.

„Eines aber wissen wir: Alles trägt zum Besten derer bei, die Gott lieben; sie sind ja in Übereinstimmung mit seinem Plan berufen."

Römer 8,28 (BB)

LIEBE IN AKTION

Er ist sauer auf mich. *Immer er!*, denke ich.

„Immer ich", sagt er. „Immer kriege ich alles Schlechte ab, immer werde ich unfair behandelt, immer – ich – alles."

Immer er, denke ich wieder. *Immer er*, der sich so aufführt. *Immer er*, der provoziert bis zum Abwinken. *Immer er*, der mich zur Weißglut treibt. Die Fetzen sind schon geflogen, nun versuche ich, mich ihm wieder anzunähern.

„Vergiss es, Mama!", schimpft er. „Du liebst mich gar nicht!"

Zugegeben, das fällt mir bei ihm tatsächlich schwerer als bei anderen Kindern. „Klar liebe ich dich!", antworte ich. (Es ist nur momentan mehr eine Pflichtübung, das als Mutter zu sagen.)

„Okay!", meint er herausfordernd. „Dann sag mir doch einmal, woran ich das merken soll, dass du mich magst! Was tust du denn für mich?"

Autsch! Jetzt wird es schwierig. Ich habe ihm keine Extragenehmigung gegeben; ich habe nicht sein Lieblingsessen gekocht; ich habe ihm kein Geschenk vom Supermarkt mitgebracht. *Wahrscheinlich wird er mir das alles vorhalten*, denke ich. Bei einer solchen Argumentation habe ich sowieso schon verloren. Doch ich gehe auf seine Forderung ein.

„Gut", schieße ich also los, „fangen wir an! Jeden Morgen stehe ich um halb sechs auf und bringe dir die Tablette!" Er braucht seine Schilddrüsentablette, denn ohne sie ist er nicht lange belastbar, und diese muss in einem ziemlich genauen Zeitabstand zum Frühstück eingenommen werden.

„Na, und?"

„Ich müsste um die Uhrzeit noch nicht aufstehen! Ich könnte mich eigentlich nochmals in meinem Bett umdrehen! (Ich unterstreiche das Gesagte mit theatralischen Gesten. Ich glaube sowieso nicht daran, dass er es versteht.) Aber, ich stehe auf und bringe dir eine Tablette ans Bett, weil ich weiß, dass es dir damit besser geht. Ich mache das, weil ich dich liebe." Noch während ich die letzten Worte ausspreche, überlege ich, was als Nächstes kommen könnte: Frühstück, Schule ... Wie viele Beispiele werden ihn wohl überzeugen? Doch zu meiner großen Verblüffung schaut er mich mit großen Augen an.

„Du machst das, weil du mich liebst", sagt er langsam. Und dann nichts mehr. Er, der sonst immer Tausende Argumente hat, warum er der Ärmste ist, und er, der generell immer „dagegen" ist, egal, was ich sage.

Ich nicke begeistert. Volltreffer! Erst jetzt wird mir bewusst, dass ich genau das richtige Beispiel getroffen habe: Die Tablette ist es, die ihn von seinen Geschwistern abhebt. Er will so gerne jemand Besonderes sein, nicht einfach nur eines von fünf Geschwistern. Das weiß ich! Nur ist es im Alltag sehr kompliziert, diesem Anliegen Aufmerksamkeit zu schenken. Wenn ich ihn auf irgendeine Weise hervorhebe oder beschenke, schreien gleich vier andere „unfair." Aber die Tablette, die kriegt nur er. Ich sitze nur bei ihm morgens um halb sechs am Bett, halte ihm ein Glas Wasser hin und streiche ihm noch benebelt über den Kopf. Nur bei ihm.

Der Streit ist auf einmal vorbei. Ich bin über die Instantwirkung meiner Worte immer noch perplex. „Okay?", frage ich ihn.

Er nickt.

Ich verlasse das Zimmer sichtlich erleichtert. Ich kann mich nicht erinnern, dass ich jemals in einem Wortgefecht zwischen uns das letzte Wort gehabt hätte. Aber was mich noch zufriedener macht ist der Gedanke, dass es wahre Worte sind. Es wird mir gerade selbst bewusst, wie viele Dinge ich jeden Tag tue um der Liebe willen:

Ich schäle Gemüse, weil ich will, dass ihr euch gesund ernährt. Ich wecke euch früh genug, damit ihr pünktlich in die Schule kommt. Oder eben diese Tablette ... weil ich ihn liebe.

> Ich spreche ein Tischgebet und darin danke ich Gott für die Gaben, die er uns schenkt. Danach frage ich die Kinder, ob sie wissen, was Gaben sind.
> „Na klar: unser Besteck!"

HERZ AM HERD

Emily sitzt mit einem Blatt Papier am Küchentisch, während ich gerade Zwiebeln schneide.

„Kannst du mir helfen?", fragt sie mit brummigem Unterton.

„Wobei denn?" Ich beuge mich über sie, mit einem Auge auf das warm werdende Öl in der Pfanne schielend.

„Ein Herz malen", sagt sie.

„Na komm, das schaffst du doch", will ich sie ermutigen.

„Nein, Mama, zeichne du mir eines!"

Ich nehme den Bleistift und zeichne ruckzuck zwei gleichmäßige Bögen auf das Blatt. Auf dem Herd beginnt es nun zu brutzeln, weshalb ich schnell hineile und die Zwiebelstückchen mit einer Kelle umrühre.

„Mann, Mama, aber nicht so!", quäkt sie vom Küchentisch.

„Wie dann?" Die Paprika muss auch noch schnell geschnitten werden.

„Komm, Mama!"

„Ja, gleich!" Nachdem die Paprikastückchen nun auch in der Pfanne sind, wende ich mich wieder Emily und ihren Stiften zu.

„Du musst das anders machen, Mama! So ist es nicht richtig!"
Ich seufze und bringe nochmals eine Herzform aufs Papier.
„Nein, nicht so!"
„Wie dann?"
„Anders halt! Ich will das mehr so ..." Sie macht eine unsichere Handbewegung. Es zischt in der Pfanne, ich ziehe sie eilig vom Herd.
„Wenn du weißt, wie, warum machst du es dann nicht selbst?", frage ich.
„Weil ich das nicht kann!"
„Ich bin sicher, dass du das kannst!"
„Nein, kann ich eben nicht! Du musst mir helfen!"
„Und dann ist es wieder nicht richtig! Ich habe jetzt keine Zeit mehr, sorry!"

Heulend trottet Emily weg. Die Soße ist fertig. Ich schmecke sie ab und lasse sie köcheln. Genervt wende ich mich anderen Dingen zu.

„Undankbares Ding", schießt es durch meinen Kopf, „ich wollte ihr doch helfen!" Ich begreife immer noch nicht, was sie eigentlich von mir wollte. Schmaler, höher, dicker, spitzer ... alles nichts. Was hätte ich noch tun sollen? Doch: Wieso streite ich mich überhaupt wegen einer solchen Bagatelle mit meinem Kind?

Dann muss ich an eine Erinnerung aus meiner eigenen Kindheit denken. Wie lustig und inspirierend es war, mit meiner Mutter zu basteln und zu malen. Sie hatte jede Menge gute Ideen und ich bewunderte sie dafür sehr. Ich wollte gerne so sein wie sie, so zeichnen und schreiben können wie sie. Doch ich kam nie an sie heran. Meine Mutter konnte und wusste immer alles besser. Das war manchmal echt frustrierend – und in diesen Momenten fand ich sie und alles, was sie tat, einfach nur noch blöd.

Vielleicht hat meine Tochter ja das gleiche Problem – mit mir?

Als ich eine Viertelstunde später zurück in die Küche komme, hängt über dem Herd ein Herz aus Papier. Ich will lieber nicht wissen, wie es dahin gekommen ist. Es hat zufälligerweise genau die Form, die ich vorgezeichnet hatte, und ist ziemlich krakelig ausgemalt und ausgeschnitten.

„Mama" steht in großen Buchstaben auf dem Herz.

Emily lukt um die Ecke und grinst mich an. „Habe ich das nicht schön gemacht? Für dich, Mama."

Mama zu sein, ist schön.
Mama zu sein, ist anstrengend.
Tochter zu sein, auch.

Aaron (4,5): „Mama, kannst du mir diesen Stift spitzen?"
Ich: „Oh, nein, das ist ein Wachsmaler!"
Aaron schaut stirnrunzelnd den Stift an und meint dann unsicher: „Du meinst, den muss man nicht spitzen, weil der wächst?"

42.
SELIG DIE VERGESSLICHEN

Mir steht einer dieser Tage bevor, an denen ich schon leichte Bauchschmerzen bekomme, nur wenn ich sie mir im Planer anschaue. Für heute steht da:

15:00 Uhr Augenarzt Aaron u. Michi

Eigentlich ein normaler Routinetermin, für mich aber mit einigem Aufwand verbunden. Innerlich stelle ich mich auf das Nachmittagsprogramm mit einer Checkliste ein:

Hinfahrt: 30 Minuten, genug Puffer einrechnen, da Großbaustelle!
Parken: bei der Praxis? (No chance!), längerer Fußmarsch nötig, auf Google Earth nach Alternativen suchen!
Termin: lange Wartezeiten, mit Augentropfen noch länger, kleines Wartezimmer, keine weiteren Kinder mitnehmen, an Beschäftigungsmöglichkeiten denken.
Heimfahrt: spät, Abendessen schon vorkochen!

Andere Kinder: zwischenzeitliche Betreuung abklären! Schlüssel hinterlegen! Hausaufgaben?

Sonst noch was?
Hab ich noch was vergessen?
Hoffentlich nicht!

Ich stöhne, denn ein ganzer Tag geht drauf, nur um einen Termin pünktlich wahrnehmen zu können und den Rest der Familie nicht ins Chaos zu stürzen.

Immerhin: Es ist einer dieser Tage, an denen ich Herr der Lage bin:

einkaufen ✓
Gulasch vorkochen ✓
Mittagessen kochen ✓
Hausaufgaben ✓

Der Plan scheint zu funktionieren. Die Kinder und ich kommen rechtzeitig in der Augenarztpraxis an, und als ich mich auf einem der unbequemen Stühle im Wartezimmer niederlasse ...

atme ich einmal tief durch ✓ .

Ich habe die Sache im Griff.

Erst etwas später, nachdem die Voruntersuchungen vorüber sind, die Kinder das langweilig gewordene Steckspiel anfangen sich gegenseitig vor die Füße zu schmeißen und ich immer öfters nervös auf die Uhr schaue, erst da tauchen die Dinge auf, die ich eben nicht im Griff habe ... Kommt jetzt etwa mein Zeitplan trotz Puffer ins Rutschen?

Ich gehe im Kopf die Punkte noch einmal durch und als ich an das Abendessen denke, fällt mir plötzlich siedend heiß ein: *Ich habe die Herdplatte nicht ausgeschaltet! Oder doch?*

Ich spule vor meinem inneren Auge meinen Film des Tages zurück: Ich sehe mich durch die Küche flitzen, um noch ein Fläschchen Wasser einzupacken, nochmals in die Küche flitzen, weil dort der Autoschlüssel liegt, aber habe ich die Herdplatte wirklich ausgeschaltet, auf der das Gulasch vor sich hin köchelte? Ich gehe nochmals durch, was alles passiert ist, nachdem die Kinder von der Schule nach Hause gekommen sind.

Herdplatte aus ✓ – ist nicht dabei.

Endlich werden wir aufgerufen! Ich konzentriere mich auf die Untersuchung, Dioptrien, Rezepte und den neuen Termin – doch als wir die Praxis verlassen, macht sich die Panik in meinem Kopf breit. Das Gulasch auf dem Herd. Mir bricht der Angstschweiß aus den Poren. Ich sehe alle möglichen Horrorbilder vor mir: verbranntes Essen, eine verrußte Küche, ein abgefackeltes Haus, die Feuerwehr davor, alles voll von Löschschaum.

Ich trete aufs Gaspedal. Meine Horrorbilder verwandeln sich plötzlich in quietschende Reifen, zersplitterndes Glas, eingedelltes Blech und Blaulicht ... Jetzt bloß keinen Unfall bauen, denke ich. Panik scheint auch keine Lösung zu sein!

Ich drossele mein Tempo wieder.

Ich atme durch. Ein Stoßgebet.

Aber was ist, wenn unser Haus längst verkohlt ist? Dann hilft beten auch nicht mehr, oder?

„Kinder", sage ich, „mir ist eingefallen, dass ich das Gulasch auf dem Herd vergessen habe!"

„Na, und?", fragen sie naiv, ohne aus ihrer kindlichen Perspektive die Zusammenhänge zu überblicken.

„Wenn es ganz schlecht kommt und beispielsweise das Gulasch anbrennt und verkohlt und der Topf immer heißer wird und vielleicht noch irgendwas neben der Herdplatte steht, dann … Sagt mal, habt ihr die Frühstücksbrettchen weggeräumt, die da noch rumlagen?"

„Jaaaa!"

„Ja, okay, es kann trotzdem noch was rumliegen, bei uns liegt ja immer irgendwas rum! Und wenn wir Pech haben, wird das auch heiß und verkokelt oder fängt an zu brennen und so weiter, versteht ihr mich?"

„Hm … Und jetzt?"

„Jetzt betet bitte mal mit, dass unser Haus noch steht, wenn wir zurück sind!"

Als wir auf unser Dorf zufahren und ich weder Rauchwolken noch Blaulichter sehe, bin ich schon etwas entspannter. Ich biege in unsere Straße ein: Unser Haus steht noch. Puh, Gott sei Dank!

Ich stürze in die Küche: Das Gulasch ist kalt, die Herdplatte ausgeschaltet.

„Mama!", Emily, die zu Hause geblieben ist, begrüßt mich freudig. Als sie merkt, wie ich den Topf mit dem Gulasch anstarre, plappert sie los: „Die Oma hat gesagt, es ist besser, wenn wir es ausschalten."

„Die Oma? Die Oma war hier?"

„Ja, nur kurz, aber sie hat ..."

„Sie hat", ich hole Luft. „Sie hat der Himmel geschickt!" Alles ist gut. Gott hat – einmal mehr – meine eigene Schwachheit in seine Stärke umgewandelt. „Selig die Vergesslichen", murmle ich, „denn sie werden bewahrt werden." So lautet meine Auslegung der Bergpredigt für den heutigen Tag. Vielleicht hat Jesus diesen Aspekt ja in seiner Predigt – *vergessen*. Eines weiß ich jedenfalls ganz sicher: Mich und mein Gulasch hat er nicht vergessen.

Michael (5,5) erklärt Aaron (4):
„Das ist der Daumen, das ist der Zeigefinger,
das ist der Stinkefinger..."
Aaron runzelt die Stirn, hält sich den Mittelfinger an die Nase und stellt fest: „Also ich rieche nichts!"

43.
ES IST KOMPLIZIERT

Viele Bände stehen auf dem Regal.
Steuergesetze,
Richtlinien, Erlasse, Ergänzungen, aktualisierte Ausgaben.
Es werden immer mehr,
sagt der Steuerberater.
Es soll gerechter werden,
aber es wird unübersichtlicher,
komplizierter.
Neue Gesetze, Auslegungen der neuen Gesetze, Revisionen,
Ausnahmen von den Ausnahmen.

Mehrere Listen an der Wand –
Bonussysteme,
Sternchen, Smileys, Haken
für erledigte Aufgaben, für gutes Benehmen –

positive Verstärkung.
Doch nicht jede Situation lässt sich klar einordnen,
nicht jedes Kind lässt sich darauf ein,
welche Regeln gelten wann, wo und für wen.
Wir brauchen
noch eine Liste.
Eine neue Regel, welche die Liste erläutert,
und eine für Sonderfälle
oder doch ein Richtungswechsel
mit Bestrafungen?

So viele Schriftrollen
mit Vorschriften und Regeln,
Geboten und Verboten
für das gesellschaftliche Zusammenleben, für Opfer, für Sabbat,
für Reinigung.
Gottgefälliges Leben.
Es ist durchdacht und sehr ausführlich,
sagen die Schriftgelehrten.
Trotzdem gibt es noch offene Fragen
„Was sollen wir tun?"
fragen sie Jesus.

Er antwortet:
„Das Gesetz wird in diesem einen Punkt erfüllt:
Liebe Gott und deinen Nächsten wie dich selbst."
Schwieriges wird logisch.
Kompliziertes wird einfach.
Staunen.
Ist es vielleicht
zu logisch,
zu einfach?
Tausend Unklarheiten – und nur eine Antwort?

Was bedeutet das
für mich?

> Ich stelle fest, dass wir den ganzen Tag vergessen haben,
> Aaron ein benötigtes Augenpflaster auf-
> zukleben. Er findet eine praktische Lösung:
> „Mama, dann kleben wir halt morgen beide Augen zu."

44.

JEDEM ANFANG ...

Ordner, Hefter, Hefte ...
Die Ferien neigen sich dem Ende entgegen. Der Wiedereintritt in ein Jahr Schule steht kurz bevor und ich stehe in der Schreibwarenabteilung eines großen Kaufhauses mit drei langen *„Was Ihr Kind im neuen Schuljahr braucht"*-Listen in der Hand und fünf Kindern um mich herum. Nachdem ich mich kurz orientiert habe, beschließe ich, die Kinder in diese Aufgabe miteinzubeziehen.

„Ihr könnt mir helfen, dann geht es schneller. Ihr könnt mir zum Beispiel diese Hefte hier ..."

„Mama, wir gehen da drüben mal gucken!", unterbrechen mich zwei von ihnen und sind auch schon in Richtung Computerspiele verschwunden.

„Äh, na gut. Dann schauen wir mal." Im hinteren Augenwinkel nehme ich noch zwei Schatten wahr, die gerade hinter einem Gestell verschwinden.

„Na, was brauchen wir?", sage ich zu dem letzten verbleibenden Kind, das sich verträumt die Auslage anschaut und mich nicht weiter wahrnimmt. Und dann zu mir selber: „Zwei Hefte Lineatur 22, hier. Drei Hefte Lineatur 12, gut. Zwei Hefte A4 kariert?" *Was soll das denn?* Ich stehe konsterniert vor dem Regal. „Welche denn nun? Mit Rand, ohne Rand, mit kariertem Rand, mit weißem Rand?" Wieso können sich die Lehrer nicht genauer ausdrücken?

„Mama!"

Unser jüngstes Kind steht vor mir mit einem Smiley-Radiergummi in der Hand. Sein Gesicht strahlt genauso und flötet: „So tooooolll!"

„Leg ihn zurück!", fordere ich unfreundlich.

Beide Smileys verschwinden.

„Kariert mit Rand? Es wird nachher sowieso chaotisch aussehen. Was soll's? Also weiter. Schnellhefter. Hier. Grün, 1, 2, 3, 4. Gelb, 1, 2, 3, 4. Rot, 1, 2, 3, 4, 5, 6." *Puh!* „Lila, null. Leer! So ein S*****."

Ich stöhne.

Ich suche das Regal nochmals ab. Manchmal gibt es auch teurere Schnellhefter, aber da ist auch nix mehr zu finden. Ich mache einen dicken Kringel um *Lila Hefter*.

„Mama!"

Schon wieder?

Jetzt steht ein anderes Kind vor mir, in der Hand einen Ordner, auf dem sich Luke Skywalker und Darth Vader mit ihren Lichtschwertern duellieren. „Nee", sage ich, noch ehe unser Kind seinen Mund öffnen und ein „Kann ich das haben?" hervorbringen kann.

Ich hasse diese Einkäufe zum Schulbeginn.

Beginn.

Anfang.

„Jedem Anfang wohnt ein Zauber inne" heißt es doch in einem bekannten Gedicht von Hermann Hesse. Wie das? Ich kann diesen philosophischen Gedanken nur mit viel Sarkasmus verstehen. „Jedem Anfang wohnt ein Zauber inne" stand auch auf allen Glückwunschkarten des Kreißsaals zur Geburt unserer Kinder. Mit einem Bild der frischgebackenen Familie. Auf dem Erinnerungsbild von Kind Nr. 3 sehe ich so aus, als wäre ich gerade verprügelt worden, wahrscheinlich von Chewbacca persönlich. Die Geburt war ein Kampf gewesen und hatte wenig Bezauberndes.

Und jetzt – zum Schulstart – befinde ich mich, alle Jahre wieder im Spätsommer, auch in einer Art Kampf. Ein nervlicher Nahkampf zwischen Verkaufsregalen.

„Darf ich?", fragt das Kind ungeduldig.

„Du willst Star Wars?", seufze ich.

Und statt Ja oder Nein zu antworten, sehe ich mich für einen Moment mit einem Bleistift in meiner Hand gegen die dunkle Seite des anfänglichen Zaubers duellieren und höre mich selbst sagen: „Und ich habe Start Wars."

AUF RÄDERN

geborgen geschaukelt
Schattenspiele, Lichtertanz
Gesichter mit o-förmigen Mündern
vorwärts geschoben

fester Blick, fester Sitz
fest in den Händen das Steuerrad
brummbrumm! aus eigener Kehle
vorwärts geruckelt

mutig und flink
die beiden Räder surren
Wind pfeift leise um die Ohren
vorwärts gelaufen

unsicher und wackelig
die Kette knackst
Gleichgewicht verloren
hingefallen

konzentriert koordiniert
rechte Pedale, linke Pedale
Kette knarrt, Kette surrt
vorwärts getreten

fahren
Gefahren
trotzdem
vorwärts gefahren

stolz und siegessicher
Schlüssel gedreht
heulender Motor

▶ vorwärts gedacht

▶▶ vorwärts gekommen

▶▶▶ angekommen

▶▶▶▶ angekommen?

46.
EIN LAGERFEUER AUF DEM PARKPLATZ

Den Schotterparkplatz hinter unserer Lagerhalle als gemütliche Ecke zu bezeichnen, wäre eine Lüge. Doch hier haben wir uns für einen Abend als ganze Familie versammelt. Eigentlich wollten wir nur altes Holz verbrennen, doch die Aussicht auf ein Lagerfeuer hatte unsere Kinder dermaßen begeistert, dass wir ein Familienevent daraus machten.

Mit buchstäblichem Feuereifer schichten die Kinder das Holz auf, sie beobachten, wie sich die ersten Flammen entlang der trockenen Zweige entzünden, um sie irgendwann ganz mit ihrem Feuer zu verschlingen, und stochern mit langen Stöcken in der Glut herum. Wir essen Döner auf abgewirtschafteten Gartenstühlen, kleckern uns alle schrecklich ein, doch langsam wird es dunkel und die Flecken auf den Klamotten stören niemanden mehr. Während mein Mann noch etwas in der Halle herumzuwurschteln hat, spielen die Kinder auf dem staubigem Schotterplatz Fußball (eine Art „Versteckball", da sie den Ball im Dunkeln kaum mehr sehen und er mehr als einmal im Gestrüpp oder unter einem Lkw landet), und ich bleibe am Feuer sitzen – angeblich, um es zu bewachen, aber eigentlich, weil mir an der frischen Abendluft schrecklich kalt ist.

Da kommt eines der Kinder angeschlichen, setzt sich schräg von mir ans Feuer und starrt ebenfalls in die züngelnden Flammen.

„Kein Fußball mehr?", frage ich.

Kopfschütteln.

Schweigen.

Ich will gerade einen neuen Ast ins Feuer legen, da springt das Kind auf und kommt mir zuvor.

„Ich mach schon."

„Okay!" Ich lege meinen Ast nieder und blicke wieder ins Feuer. Es ist immer wieder neu faszinierend, diesen Tanz aus aggressiven Flammen, verschwindendem Holz, farbwechselnder Glut und Pirouetten drehenden Rauchwölkchen zu verfolgen, der von einem knisterndem Beat untermalt wird. Das in letzter Zeit rasch groß gewordene Kind setzt sich wieder.

Schweigen.

„Und", beginne ich nach einer Weile, „wie läuft es in der Schule?" Ich könnte mich ohrfeigen. Völlig bekloppter Satz! Keine Teenie-Mutter kann auf eine so blöde Frage eine vernünftige Antwort erwarten. Schnell an was anderes denken! Ich entdecke in der Feuersbrunst ein winziges Ästchen, das nur noch an einem Faden herunterhängt und ...

„Ach, weißt du, es ist so ...", höre ich da von etwas weiter weg.

Das Ästchen wird von einer Flamme verschlungen. Einfach

weg. Aber der Grund, warum ich gerade erstarre, ist der, dass mein Kind einfach anfängt zu reden. Es spricht über die Gruppendynamik in seiner Klasse und erzählt von coolen und weniger coolen Erlebnissen. Es kommen sogar (pssst, das ist eigentlich streng geheim!) Gefühle zur Sprache! G.E.F.Ü.H.L.E! Es spricht ungefähr so viel, wie es in den letzten 100 Tagen zusammengenommen nicht gesprochen hat – oder zumindest nicht mit mir. Ich bleibe weiterhin regungslos sitzen, so als könnte eine unbedachte Bewegung die Offenheit meines Kindes davonscheuchen wie ein junges Reh. Als es nichts mehr weiter zu erzählen weiß, übernehme ich. Ich erzähle, wie ich mich in seinem Alter gefühlt habe. Und welche Lehren ich mittlerweile daraus gezogen habe. Ich fasse mich so kurz wie möglich, doch in diesen wenigen Momenten komme ich mir so vor, als würde ich in einem Film den weisen Meister spielen, der gerade seinen Schüler auf Spur bringt. Das Erstaunliche daran ist, dass mein Kind sich ebenso wenig von der Stelle rührt wie ich davor. Hört es tatsächlich zu?

Ich hüstle. Das Feuer ist schwächer geworden. „Wir müssen noch einmal nachlegen", stelle ich fest.

„Ich mach schon", sagt mein Kind, steht auf und wirft dieses Mal einen dickeren Pfosten in die Flammen. Man hört das Knacken zerberstender Ästchen. Ein paar Funken springen in die Luft. Wir schauen ihnen hinterher. Und schweigen. Aber das Schweigen fühlt sich irgendwie ganz anders an als vorhin.

Haltet andächtiges Schweigen!
Horaz

DIE TOP-5-UNWÖRTER EINES FAMILIENJAHRES

Un·wort

Substantiv, Neutrum [das]

1. schlecht, falsch gebildetes, unschönes Wort
   „die Amtssprache hat manche Unwörter hervorgebracht"
2. schlimmes, unangebrachtes Wort
   „das Unwort des Jahres"

Familienplanung
„Wenn du Gott zum Lachen bringen willst, erzähl ihm deine Pläne."

Elternzeit
Als wäre sie nach drei Jahren vorbei ...

Lernspiele
Geht auch Spielen ohne Lernen?

Unverzichtbar
Ein in Spielzeugkatalogen absolut verzichtbares Wort.

Ordnungshelfer
Machen es leider nicht von alleine.

48.

ENGEL IM PARKHAUS

„Ich muss euch was erzählen", sagt die eine Freundin. Zu dritt sitzen wir um einen reich gedeckten Frühstückstisch und genießen die kinderlose Mahlzeit.

„Na, schieß los", muntere ich sie auf.

„Kannst du mir mal die Butter rüberreichen, bitte?", sagt die andere.

„Es ist eine richtig peinliche Geschichte", erklärt sie, während die Butter über den Tisch wandert, „aber euch kann ich sie anvertrauen."

Wir nicken mit vollem Mund. Wir scheinen uns in dieser Runde langsam darauf zu spezialisieren, nicht nur Brötchen, Brotaufstrich und Kaffee, sondern auch die dicksten „Ich bin reingetreten!"-Fettnäpfchen aufzutischen.

„Also, ich bin zum Einkaufen in die Stadt gefahren. Parkhaus wie immer und so weiter, alles normal. Nur dummerweise habe ich nicht darauf geachtet, Kleingeld bei mir zu haben." Sie nimmt einen Schluck Kaffee. „Tja, das ist mir dann erst aufgefallen, als ich mein Parkticket bezahlen wollte. Ich guck in meinen Geldbeutel und – so ein Sch... Ihr wisst schon! – Vielleicht noch ein paar Cents, aber das langt nicht. Dann habe ich gesehen, dass man mit EC-Karte bezahlen kann. Habe ich noch nie gemacht, aber egal, Karte reingeschoben. Geht nicht. Habe dann noch mal geguckt, vielleicht hatte ich sie ja falsch reingesteckt. Also die Karte gedreht und noch mal rein. Geht wieder nicht. Da kommt so ein Mann zum Automat, und ich denke *Wie peinlich, jetzt stehe ich so völlig belämmert da, der wird sich wohl denken, dass ich meiner Haarfarbe alle Ehre mache!*"

Wir lachen. „Aber, wisst ihr, der war ganz nett und wollte mir helfen. Er war der Meinung, heute Morgen hätten schon andere das Problem gehabt. Also guckt er selbst nochmals drauf und schiebt die EC-Karte rein, passiert aber wieder nichts. Doch plötzlich *wutsch!*, war die Parkkarte weg!"

„Wie, Parkkarte weg?"

„Ja, eingezogen. Also nicht die EC-Karte, aber meine Parkkarte! Und die braucht man doch, um wieder aus dem Parkhaus zu kommen!"

„Oh, oh", meine ich vielsagend.

„Ja, da standen wir beide, der Mann und ich, nun ganz schön blöd da. Und da gibt es ja auf dem Automaten zwar so einen Hilferuf, den haben wir dann auch gedrückt, hat aber niemand geantwortet."

„Und dann?", fragt die andere Freundin ungeduldig.

„Haben wir so rumüberlegt, ob man noch mal an der Eingangsschranke so eine Karte entnehmen könnte. Der Mann hat mir sogar angeboten, dass er raus- und wiederrein fährt, damit ich an so ein Kärtchen komme, aber dann hätte er ja keines gehabt. Schließlich kam ihm die Idee, dass die Schranke doch per Sensor funktioniert. Und wenn ich ganz dicht hinter ihm herfahren würde, so Stoßstange an Stoßstange, dann könnte ich sozusagen mit ihm durchschlüpfen."

„Uiiuiuiiii, echt? Das geht?", fragte ich ungläubig.

„Ich weiß nicht, ob ich mich das trauen würde. Stehst dann ja ganz blöd da, wenn es doch nicht klappt, oder?"

„Ja, also blöd dastehen, das tat ich ja in dem Moment sowieso schon. Andere Ideen?" Wir schüttelten ratlos die Köpfe.

„Eben. Etwas Besseres fiel uns nicht ein. Also haben wir das dann so gemacht."

„Und? Hat's geklappt?"

„Ja, stell dir vor, es hat geklappt! Der ist gaaaaanz langsam vor mir hergefahren und so bin ich rausgekommen! War ich froh! Ich weiß nicht, was ich ohne diesen Mann gemacht hätte!"

„Ja, super!", jubeln wir. Doch unsere Freundin wird auf einmal leicht nachdenklich. Während sie sich wieder ihrem angebissenen Brötchen zuwendet, murmelt sie:

„Dass der mir überhaupt so Hilfe angeboten hat, war schon ein Ding. Ich meine, der hätte sicher auch noch anderes zu tun gehabt."

Meine Gedanken sind jedoch schon weiter. „Weißt du was? Mir ist auch schon mal so etwas Ähnliches passiert!", sprudelt es aus mir heraus. „Ich fuhr damals mit – ich glaube, damals waren es noch vier Kinder – ins Parkhaus, nahm dieses Kärtchen entgegen, so wie deins. Bloß, wohin damit? Irgendwie muss man ja gleichzeitig durch die Schranke fahren, die Scheibe wieder rauffahren, das Licht einschalten und auch noch lenken." Ich ahme beim Erzählen die ganzen hektischen Bewegungen nach. „Das geht alles besser, wenn man die Hände frei hat! Deswegen habe ich es damals einfach in einen Schlitz da rechts von mir gesteckt." Ich schaue vergnügt in die Runde und klatsche in die Hände. „Super Idee, oder? Das war nur dummerweise der CD-Spieler! Und schon hörte ich dieses komische Geräusch: sssssss... und bevor ich reagieren konnte, hatte der das Kärtchen gefressen!"

Die eine Freundin schlägt sich die Hand an die Stirn und sagt: „Mensch, Karin!"

„Da warst du jetzt aber wirklich doof!"

„Hm", verteidige ich mich, „ich fand meine Idee eigentlich echt spitze! Ich war sogar der Meinung, ich hätte das schon andere Male gemacht, und da hatte es immer funktioniert. Tja, aber dieses Mal leider nicht."

Meine Freundinnen schauen mich mitleidig an. Es ist nicht ganz klar, ob sie mich für meine Dummheit bemitleiden oder ob sie sich gerade selbst in die Lage versetzt haben, wie es ist, wenn man mit einem Auto voller Kinder und einem gefräßigen CD-Spieler in einem dunklen Parkhaus sitzt.

„Ich hab das Auto dann so stehen gelassen, weil ich es mit den Kindern eilig hatte! Erst nachher habe ich dann versucht, das Kärtchen wieder da rauszukriegen und irgendwie auf alle möglichen Arten darin rumgestochert. Aber nichts zu machen! Es war weg!"

„Der CD-Spieler hat es wirklich aufgefressen?", ulkt die eine

Freundin. „Wahrscheinlich sogar schon verdaut!", füge ich hinzu. „Apropos", mischt sich die andere Freundin ein, „wollt ihr noch von dem Schinken? Sonst würde ich den langsam wieder in den Kühlschrank zurück..."

„Nein, danke! Pack ihn weg."

„Aber nicht in den CD-Spieler! Sonst kommt er nicht wieder raus!", wird gefrotzelt.

Wir lachen.

„Und?", nimmt unsere blonde Freundin den Gesprächsfaden wieder auf. „Wie hast du es dann geschafft, wieder aus dem Parkhaus zu kommen?"

„Na ja, ich bin einfach zur Schranke gefahren und hab auf diesen Notrufknopf gedrückt."

„Und der hat funktioniert?"

„Ja, es ging eigentlich ganz schnell. Ich hab dem Mann in der Leitung erklärt, dass ich mein Kärtchen nicht mehr habe und was ich jetzt machen soll. Und der hat einfach die Schranke aufgemacht und mich durchgelassen." Ich zucke entschuldigend mit den Schultern und lache leise auf. „Der hat wahrscheinlich in der Überwachungskamera die vielen Kinder im Auto gesehen und sich seinen Teil gedacht."

Meine Freundin nickt verständnisvoll. „Ja, wer so viele Kinder hat, der ist doch sowieso ein bisschen balla."

„Das ist fast wie blond sein, oder?"

Augenzwinkernd ziehen wir einander gegenseitig auf ...

Es ist ein Geschenk, solche Freundinnen zu haben! Eigentlich ist es ja peinlich, seine eigenen Pleiten, Pech und Pannen zuzugeben; doch wenn man mit so liebevollen Menschen zusammen über sich selbst lacht, verliert die persönliche Katastrophe an demütigendem, niederschmetterndem Charakter und wird zu einem lustigen Intermezzo.

Als ich mir später auf dem Nachhauseweg unser Gespräch nochmals durch den Kopf gehen lasse, bleibe ich innerlich an zwei Sätzen hängen: „ ... dass dieser Mann so freundlich war" und: „Was hätte ich ohne ihn gemacht?".

War dieser hilfsbereite Mann vielleicht gar kein gewöhnlicher Mann, sondern ein Engel? Oder kann man ganz allgemein solche Retter in der Not als Engel bezeichnen, auch wenn sie gar nicht vom Himmel gefallen sind?

Auf jeden Fall wird mir klar, dass unsere beiden Parkkarten-Erlebnisse schön aufzeigen, wie Gott wirken kann: In einem Fall spricht er *„nur ein Wort"* (so wie in Matthäus 8,8) und drückt auf einen Knopf, der alle Probleme beseitigt. Und im anderen Fall antwortet er nicht persönlich. Dafür schickt er die Lösung mit einer engelsgleichen Antwort aus der Ferne.

Und noch etwas will ich mir merken: immer genug Kleingeld dabeizuhaben!

Ich knabbere Aaron (3) leicht in die Wange.
Er protestiert und ich meine spaßhaft:
„Mmh, ist aber lecker!"
Darauf Aaron ernst: „Warum? Ist da Nutella drin?"

49.

WA(H)RE WEIHNACHT

Tief verschneite Hügel, dazwischen ein Schuppen, aus dem warmes Licht leuchtet. Leckere Plätzchen in Sternform. Ein mit Kugeln und Lametta geschmückter Tannenbaum. Duft von Anis, Nelken und Zimt. Ein Berg dekorativ eingepackter Geschenke. Ein älterer, moppeliger Mann mit Rauschebart, in einen pelzbesetzten roten Mantel gehüllt. *Alles klar! Es ist Weihnachten!*

Aber, ist *das* wirklich Weihnachten?

Ist Weihnachten nicht eher: besetzte Parkhäuser, überfüllte Terminkalender, verbrannte Gans im Ofen, Stau auf den Autobahnen, volle Züge, ausgepackte Enttäuschungen, abstoßende Limonade-Werbung?

Oder wenn das auch nicht Weihnachten ist, wie sollte es dann sein?

Seit Jahren stehen wir als Familie vor der Herausforderung, mitten in unserer Welt ein Fest feiern zu müssen, das uns von den allgemein üblichen Gepflogenheiten so gar nicht anspricht. Ein Fest, das viel Verpackung ist und nur noch wenig Inhalt besitzt. Der erste Gedanke von uns Eltern war deshalb: die Verpackung weglassen. Nun geht zwar hier und da das Gerücht um, dass wir Zeugen Jehovas sind, da wir das Weihnachtsfest nicht mit pompösen Glanz und Gloria begehen. Andererseits kommen wir aber nicht umhin, unsere persönliche Abneigung zu hinterfragen. Wir müssen uns beispielsweise den Kinderfragen stellen: „Warum bekommen alle anderen Kinder Geschenke und wir nicht?" Sind wir nun die gemeinsten und unfairsten Eltern der Welt oder nur die geizigsten?

Vielleicht sind wir einfach die faulsten. Denn Weihnachten ist ja der Geburtstag von Jesus. Nur dummerweise sind weder mein Mann noch ich begeisterte Partytiger. Schlimm genug, dass wir fünf Mal im Jahr eine Geburtstagsfeier für jeweils eines unserer Kinder auf die Beine stellen müssen! Und an Weihnachten *noch* ein Geburtstag – muss das wirklich sein?

Wie das bei Menschen so ist, verdrängen wir den Gedanken an das Fest so lange, bis Weihnachten dann so plötzlich vor der Tür steht, dass wir beide improvisieren müssen. Das kann, wenn's gut geht, gut gehen. Einmal beispielsweise wurden wir tatsächlich an Heiligabend von Neuschnee überrascht und konnten so die Kinder auf Schlitten durch eine wie verzaubert wirkende Dorfkulisse ziehen. Ein anderes Mal beschloss ich, mit den Kindern in unserem Garten ein Krippenspiel einzuüben, was für viel Heiterkeit bei allen Beteiligten sorgte. Ein anderes Mal setzten wir uns statt unter einen Weihnachtsbaum vor den Computer und suchten gemeinsam Geschenke aus – aber nicht für uns, sondern für bedürftige Leute. Es gab an diesem Heiligabend eine

Ziege, ein Fußballcamp, viele Kinderbibeln, einen Nähkurs und viel Dankbarkeit über das, was wir sonst für selbstverständlich halten.

Das Weihnachtsfest kann aber auch schlecht laufen und mit vielen Tränen und einem großem Frust über unerfüllte Erwartungen enden. Denn trotz unseres Bestrebens, irgendwie anders zu feiern als der Rest der Welt, ist – wie wir irgendwann ernüchtert feststellten – der Inhalt leider nicht automatisch mehr geworden. So haben wir in jüngster Zeit der Verpackung – oder besser gesagt unseren über Wunschzetteln brütenden Kindern – wieder neue Zugeständnisse gemacht. Aber wirklich schlauer geworden sind wir dabei nicht. Die Frage stellt sich jedes Jahr: Was machen wir an Weihnachten? Was machen wir mit Weihnachten?

„Entweder ist es jeden Tag Weihnachten oder es ist nie Weihnachten", singt ein italienischer Cantautore und ich kann von ganzem Herzen mit einstimmen. Ist es nicht so? Wenn der Sinn von Weihnachten ist, dass Christus geboren worden ist, dann muss das jeden Tag für mich Bedeutung haben, sonst hat es keine Bedeutung.

Ja, die Geburt Jesu: ein einsamer Stall, über dem ein Schweifstern steht; ein Baby mit Heiligenschein in einer mit Stroh gefüllten Holzkrippe; Maria und Josef, die andächtig auf dieses Kind starren, und im Hintergrund ein Ochse und ein Esel, die diese Szenerie neugierig betrachten. Ist das Weihnachten? Das richtige Weihnachten?

Wahrscheinlich hat dieses Bild mit der Realität so viel zu tun wie „Hohoho" mit Halleluja. Denn anno dazumal waren die Ställe keine allein stehenden Bauten. Vielmehr wurden die Nutztiere im selben Gebäude untergebracht wie die Menschen. Die Geburt Jesu wird also mit ziemlicher Wahrscheinlichkeit mitten in Bethlehem, einem von Fremden überfüllten Bethlehem, stattgefunden haben. In einem stark besuchten Gebäude, vielleicht nur ein paar Meter entfernt von Menschengewirr und dem allerorts geschäftigen Hin und Her. Ich versuche mir das jenseits des Klischees vorzustellen: Maria hat Wehen, ist eine Hebamme herbeigerufen worden? Oder hat ihr noch jemand anderes beigestanden, vielleicht die Frau des Hauses? Wer hat ihr beigebracht, wie man Wehen veratmet? Und was genau hat eigentlich Josef gemacht? Hat er die Nabelschnur durchgeschnitten?

Meine Urgroßmutter, eine Frau, die sich nie beklagt hätte, muss einmal erwähnt haben, wie schlimm es für sie war, dass ihr Mann sich bei den elf Geburten lieber in den Stall zu seiner Arbeit verdrückt hat, als bei ihr zu bleiben. Wie hat Josef das gehandhabt? Hat auch er sich aus purer Hilflosigkeit lieber um den Esel gekümmert als um seine gebärende Frau? Leicht war es sicher auch für ihn nicht. (Hat er sich vielleicht, mal ganz menschlich betrachtet, mit beleidigtem Unterton gedacht: „Wenn ich schon bei der Zeugung nicht dabei sein durfte, wieso dann bei der Geburt?")

Die erhabene Heiligkeit über das schöne Weihnachtsfest in Bethlehem wird spätestens dann vollends bröckelig, wenn ich mir überlege, ob Maria bei ihrer ersten Geburt einen Dammriss hatte. Fern der Bilder mit den um die Krippe posenden, goldbehaarten, brav gekämmten kleinen Superhelden werden Maria und Josef plötzlich richtige Menschen für mich. Josef hat Stressflecken auf der Stirn und Maria dicke umfunktionierte Windeln zwischen den Beinen. Sie kommen mir näher – und damit auch der Sinn dieser Geschichte:

Ein Kind ist geboren. Ein Mensch. Ein Baby.

Oh, Baby!

Dieses Staunen, diese Ehrfurcht, dieses Überwältigtsein von dem, was Gott da geschaffen hat. Wir versuchen es zu erklären, was da passiert ist, und wissen eigentlich, dass uns die Worte dafür fehlen. Gott ist Mensch geworden. Es ist zu kompliziert für uns, das zu begreifen, auch wenn es gleichzeitig so einfach ist: Gott ist Mensch geworden. Ein kleines Wesen in Windeln gewickelt, absolut hilflos, winzig und unscheinbar.

Weihnachten ist Staunen pur.

So wird aus Stau-Nacht letztlich Staun-Nachten! Und vielleicht ist es gar nicht so wichtig, was wir an Weihnachten machen, sondern was Weihnachten mit uns macht: Wir werden zu Staunenden, zu Träumenden, zu sich Freuenden. Und das kann jeden Tag sein. (Eigentlich muss es jeden Tag sein.) Denn entweder ist es jeden Tag Weihnachten oder es ist nie Weihnachten.

Für Jesus eine fetzige Geburtstagsparty zu schmeißen, um diese Freude auszudrücken, ist natürlich genauso erlaubt. Wie sie bei uns in diesem Jahr aussehen wird, wissen wir zwar noch nicht genau. Aber in einem sind wir uns einig: Einen Tannenbaum, Christbaumkugeln und Gänsekeule brauchen wir dazu nicht. Ein paar Plätzchen jedoch schon, denn die schmecken uns einfach zu lecker!

... SCHMEISS GLITZER DRAUF! WO BLEIBT DER GLITZER?

Dieselbe Kindergartengruppe, zwei verschiedene Erzieherinnen, zwei unterschiedliche Reaktionen:

„Glitzer? Oh nein, bitte nicht! Dieses Zeugs, iiiih, das klebt überall! Können Sie sich wohl kaum vorstellen!"

„Glitzer? Sie brauchen Glitzer zum Basteln? Oh jaaaaa ... wie schön! Ich hol ihn gleich!"

In Bastelstunden eingesetzt, bleibt dieser Glitzer für gewöhnlich nicht nur an den kindlichen Kunstwerken kleben, sondern auch an Tisch und Stuhl, an Fingern und Haaren, an T-Shirts und Hausschuhen. (*Oh neeeeeeein!*) Und durch die Hilfe seiner eifrigen Benutzer zieht er eine feine funkelnde Spur vom Basteltisch zum Waschbecken und bis in den Flur zu den Matschhosen. Denn wie schnell sind die kleinen Fläschchen umgefallen und entleert und überall hat sich feinster Glitzerstaub verteilt.

Glitzer ist ein faszinierendes Zeug, nicht nur für Kinder – das weiß sogar Teenie-Idol Lina Larissa Strahl, die diese Erkenntnis unbekümmert in die Welt schmettert:

„Glitzer - oh-oh-oh /
Oh, sieht die Welt beschissen aus /
Schmeiß ganz einfach Glitzer drauf!"

Glitzer lässt mit seinen optischen Effekten Augen funkeln und verleiht allen Untergründen einen Touch von Glamour (*Oh jaaaaaa ...!*) Er zaubert mit wenig Aufwand ein bisschen Glanz und Gloria in mein Leben.

Das erinnert mich daran, dass eigentlich auch ich eine majestätische Abstammung habe. (Auch wenn man sie nicht auf den ersten Moment erkennen kann.) Gott selbst – der König der Könige! – nennt mich sein Kind! Diesen Titel habe ich nicht selbst verdient, sondern ich bin durch meine Wiedergeburt Teil der himmlisch-königlichen Familie geworden. Ich bin wertvoll. Ich bin ein Königskind. Eine Prinzessin.

Das ist: *Wow. Wow! Wow!!!*

Aber ich merke, damit habe ich auch eine Verantwortung! Benimm dich so, wie es sich für einen fürstlichen Titel gebührt. Mache deinem Namen Ehre! Trage ihn mit Würde! Und ehrlich gesagt: Das fällt mir ganz schön schwer.

Mein Bruder hatte früher in seinem Kinderzimmer einen Cartoon hängen mit einem deprimiert aussehenden Frosch, der meldete: „Die Welt ist ein schleimiger, stinkender Pfuhl ... Und wissen Sie was? Genau das liebe ich!"

Es gibt Tage, an denen ich mir vorkomme wie dieser Frosch: Ich stecke mitten im Matsch. Der triste Alltag macht mich in mancherlei Hinsicht mürbe. Unschöne Wörter, Reaktionen, die eigentlich traurige Ausnahmen bilden sollten, werden zu Gewohnheiten. Und ich bin irgendwann zu abgekämpft und müde, um mich dagegen zu wehren. Ich werde unfreundlich und mies gelaunt. Und damit das schlechte Gewissen dabei nicht allzu groß wird, suhle ich mich noch darin und behaupte, ich würde dabei Spaß haben.

Nun, gegen eine kurze Schlammschlacht ist sicherlich nichts einzuwenden. Dem Dreck wird sogar eine reinigende Wirkung zugeschrieben. Es gibt sicherlich Prinzessinnen, die mit einer Schlammmaske ihre Gesichtshaut klären. Doch wenn es so weit ist, dass der Dreck anfängt, sich festzusetzen und es um mich herum anfängt zu stinken, dann habe ich mich von meinem adligen Anspruch zu weit entfernt. Ich muss mich wieder auf meine eigentliche Bestimmung besinnen und mich daran erinnern: Der König der Könige nennt mich sein Kind! Ich bin wertvoll! Und ich trage eine große Verantwortung: Benimm dich nun auch so! Und in diesem Fall hilft es nicht, nur Glitzer draufzuschmeißen! Meine Rückbesinnung auf meine majestätische Abstammung muss dann in die Tiefe gehen.

Froschprinzessin

Ich bin eine Prinzessin.
Nichts für die Klatschpresse.
Aber eingeschrieben ins Buch des Lebens.

Ich bin eine Prinzessin.
Eine Prinzessin mit Drecksjob.
Ich klatsche hin.
Um mich wabert der Schlamm menschlichen Versagens.
Er macht meine Wörter schmutzig, meine Laune dürftig, meinen Schritt schwer.
Wenn ich meine Füße herausziehe, blubbert er und zieht mich wieder zurück.

Sei kein Frosch!
Bleib kein Frosch!

Ich klatsche hin.
Ich brauche wieder festen Boden unter den Füßen.
Einen Fels, auf dem ich stehen kann.
Aufstehen, Krönchen richten, weitermachen.
Mit erhobenem Haupt den Blick fokussieren auf das, was wichtig ist.

Ich stolpere – und klatsche hin.
Aufstehen, Krönchen richten, weitermachen.

Wie ein Spürhund schnuppern, wo die Glitzerspur war – und
ihr weiter folgen.
Auf dem Weg von Glaube, Liebe, Hoffnung.

Ich stolpere schon wieder ...
Aber der Glitzer hält.
Besser als Drei-Wetter-Taft.

Ich bin eine Prinzessin –
Ein verwandelter Frosch,
geküsst von Gnade.

NACHWORT

In einem Buchvertrag steht vieles. Davon auch einiges, woran ich nie gedacht hätte. Zum Beispiel Folgendes: „Die Autorin stellt dem Verlag kostenlos ein Autorenfoto zur Verfügung." Als dieses Foto vom Verlag freundlich angefordert wird, mache ich mich auf den Weg zu einem Fotostudio, nichts ahnend, dass dieser harmlose Abstecher nochmals ordentlich Schwung in mein Gedankenkarussell über mein Buch bringen würde.

Denn als ich in dem kleinen Laden vor der Fotografin stehe, die sich freundlich erkundigt, wofür ich denn ein Bild von mir brauche, gerate ich plötzlich ins Schlingern. Ich stottere: „Ich habe ein Buch geschrieben", und erwähne damit mein Projekt das erste Mal in der Öffentlichkeit. Auch wenn diese Öffentlichkeit sich sehr überschaubar auf eine einzige Person und einen Raum von maximal 20 Quadratmetern beschränkt, fühlt es sich sehr fremd an. Die Unsicherheit, die mich während des ganzen Schreibprozesses schon unterbewusst begleitet hat, wird auf einmal greifbar. *Ist es gut, was ich schreibe? Wozu schreibe ich das überhaupt? Was will ich damit? Wer bin ich eigentlich, dass ich ein Buch schreibe?* Im Gegensatz zu den Autoren aus den Werbeprospekten, die ich ab und zu im Buchladen mitgehen lasse, kann ich kein Studium und keine steile Karriere vorweisen. Ich hatte mich bei jenem Anblick schon gefragt, wie wohl mein eigener

Steckbrief aussehen könnte. Vielleicht: „Hat nicht studiert, aber sich schon immer einen Kopf gemacht."

Ich bin hier in diesem Studio, weil ich ein Foto von mir will, aber im Prinzip habe ich schon in den vergangenen Monaten an einem Bild von mir gearbeitet. Schließlich gebe ich in meinem Geschriebenen viel von mir selbst preis. Doch so ehrlich ich dabei auch bleiben will, ist mir doch bewusst, dass schon eine veränderte Satzstellung für ein leicht verändertes Bild von mir sorgen kann. Ich kann diese Blickrichtung durchaus steuern. Oder Fakten weglassen. Zum Beispiel: In echt sage ich deutlich mehr „Scheiße" als im Buch – ist das schlimm? Muss ich an dieser Wahrheit dranbleiben?

Meinem Mann ist dieses böse Wort einmal auf der Kanzel rausgerutscht. Die Folge war, dass sich alle Zuhörer noch lange an diese Predigt erinnern konnten, zumindest an dieses eine umstrittene Wort. An den (guten) Inhalt aber leider nicht ... Schade. So habe ich mich dafür entschieden, das allzu Echte doch ein bisschen zu frisieren.

So wie die Fotografin beim entstandenen Foto noch Hautkorrekturen anbietet. Leider ist meine Haut nicht nur ein bisschen unrein, sondern sozusagen ein „dermatologisches Problem-Konglomerat". Aber der Betrachter soll sich ja nicht an meine Hautkrankheiten, sondern an mein Gesicht erinnern. Also bleiben ein paar Pigmentflecken auf dem Bild, doch die größten Pickel werden beseitigt. Ist dieses Bild nun echt, falsch, unwahr, gut, unehrlich? Zu viel Sein und Schein? Daheim hatte ich noch ganz selbstbewusst auf Make-up und schicke Klamotten verzichtet und meinem Mann erklärt, dass ich mich so geben will, wie ich halt bin. Aber „haha" – wie bin ich überhaupt? Was sollen die Leser denken, wenn sie sich mein Foto anschauen?

Wie tritt die Hauptperson in meinem Buch in Erscheinung? Werden Leute, die mich im echten Leben kennen, mich auch in meinen Worten wiederfinden? Das habe ich mich während des Schreibens immer wieder gefragt. (Motto: Sein und Schein und Schreiben ...) Und ich hoffe nach wie vor, dass dieses Bild nicht allzu verzerrt ist. Allen bewussten und unbewussten Korrekturen zum Trotz.

Es gibt Momente, da tut es weh, so zu sein, wie ich bin. In Momenten, in denen ich gefragt werde, wofür ich ein Foto brauche, zum Beispiel. In Momenten, in denen mir bewusst wird, dass ich von meinen eigenen Schwächen eingeholt werde. Und das, obwohl ich vor Kurzem einen Text überarbeitet habe, in dem es genau darum geht, dass die Schwäche vielleicht ja doch nicht so schwach ist. In Momenten, in denen ich nicht das bin, was ich will. In Momenten, in denen ich nicht das tue, was ich vorhatte. Ja, ich hatte nie vor, anderen Müttern irgendwelche Ratschläge auf den Weg mitzugeben – und tue es gelegentlich doch. Weil ich mich selbst darin sehe: nicht angekommen, sondern auf einem Weg.

Mein Buch hat ein paar Abschnitte eines Weges beschrieben, der noch nicht zu Ende ist. Es ist deshalb irgendwie auch „unfertig". Aber trotzdem ist es gar nicht so schlecht geworden, wie ich in meinen schwachen Momenten befürchtet hatte ... dank Glitzer!

ANMERKUNGEN

1. Manfred Siebald.
2. Angleberger, Tom: „Yoda ich bin! Alles ich weiß!", Baumhaus-Verlag in der Bastei Lübbe AG, 2011, S. 31-38.
3. Chambers, Oswald: Glaube – ein heiliger Weg, Hänssler Verlag 2002.
4. Degen, Christian: „Mütter sind keine Familienmanager", erschienen in der Coopzeitung Nr. 38 vom 17. Dezember 2013. Abdruck mit freundlicher Genehmigung.
5. Wheeldon, Les: Hearing God's Heart, CreateSpace 2011.

Für viele kleine Schmunzel-Momente im Alltag

„Absolut authentisch und manchmal sogar weise! Super Geschenkidee für Großeltern und andere Erziehungsberechtigte."

Leserstimme

Kein Komiker der Welt kann uns auf so erfrischende, weil ungewollte Art und Weise zum Lachen bringen wie der richtige Kinderspruch im falschen Moment oder andersherum. Es ist die einzigartige Kombination aus Direktheit, schonungsloser Ehrlichkeit und kindlicher Unschuld, die diese Witze, die eigentlich keine sind, so besonders machen. In der Frauenzeitschrift LYDIA ist die Kategorie *„Schmunzeln mit LYDIA"* deshalb äußerst beliebt. Mit diesem Aufstellbuch können Sie sich selbst und anderen immer wieder solche herrlichen kleinen Schmunzel-Momente schenken.

 Ich sehe was, was du nicht siehst ... - Aufstellbuch
Spiralbindung • 56 Seiten • ISBN 978-3-95734-407-6

40 mal Balsam für die Mutterseele

„Tut das gut! Jen Hatmaker findet die perfekte Mischung aus Humor und Tiefgang inmitten des alltäglichen Familientrubels."

Leserstimme auf goodreads.com

Von Müttern wird eine Menge erwartet. Dabei haben viele das Gefühl, dass die an sie gestellten Erwartungen kaum zu erfüllen sind. Die gute Nachricht lautet: Das müssen sie auch nicht! Jen Hatmaker verbindet Worte und Taten von Jesus mit humorvollen Geschichten aus dem Leben einer jungen Mutter. In den 40 Episoden geht sie auf Themen ein, die jede Mutter kennt: Sorgen, Prioritäten, Ehe, die Falle, sich selbst und seine Kinder mit anderen zu vergleichen und vieles mehr. Ein ermutigendes, alltagsnahes Buch voller Inspiration.

Jen Hatmaker • Dein Moment
Klappenbroschur • 240 Seiten • ISBN 978-3-95734-472-4

Der Verlag weist ausdrücklich darauf hin, dass im Text enthaltene externe Links vom Verlag nur bis zum Zeitpunkt der Buchveröffentlichung eingesehen werden konnten. Auf spätere Veränderungen hat der Verlag keinerlei Einfluss. Eine Haftung des Verlags ist daher ausgeschlossen.

© 2019 Karin Engel
© 2019 Gerth Medien GmbH, Dillerberg 1, 35614 Asslar

Die Bibelzitate wurden, wenn nicht anders vermerkt, der folgenden
Bibelübersetzung entnommen:
Hoffnung für alle®, Copyright © 1983, 1996, 2002, 2015 by Biblica Inc.®. Verwendet mit freundlicher Genehmigung des Herausgebers Fontis,
Basel. Alle weiteren Rechte weltweit vorbehalten.
Außerdem verwendet wurden:
BasisBibel. Neues Testament und Psalmen
© 2012 Deutsche Bibelgesellschaft, Stuttgart. (BB)
Luther 2017. Die Bibel nach Martin Luthers Übersetzung, revidiert 2017.
© Deutsche Bibelgesellschaft, Stuttgart. (LU)
Neue Genfer Übersetzung
© 2011 Genfer Bibelgesellschaft, Genf. (NGÜ)

1. Auflage 2019
Bestell-Nr. 817542
ISBN: 978-3-95734-542-4

Umschlaggestaltung: Anna-Lisa Offermann
Satz: Anne Weigel • www.willu.de
Druck und Verarbeitung: GGP Media GmbH, Pößneck
Printed in Germany

www.gerth.de